中国建材行业绿色低碳转型探索与实践系列丛书

碳达峰与碳中和
水泥行业经验与路径

武庆涛 尹靖宇 张 晋 李晋梅 编著

中国建材工业出版社

图书在版编目（CIP）数据

碳达峰与碳中和水泥行业经验与路径/武庆涛等编著.--北京：中国建材工业出版社，2023.1
ISBN 978-7-5160-3520-7

Ⅰ.①碳… Ⅱ.①武… Ⅲ.①水泥工业－节能减排－研究－中国 Ⅳ.①F426.7

中国版本图书馆CIP数据核字（2022）第100437号

内容简介

本书全面介绍了国内外水泥行业碳减排现状，结合典型案例分析，对水泥行业碳排放标准体系及量化方法、水泥企业碳减排的可行路径、碳减排目标的设定以及碳交易的实践等内容进行了系统阐述。

本书将有助于从业人员快速了解水泥企业在碳达峰、碳中和背景下实现低碳转型的方法与路径，并可为企业应对碳达峰、碳中和所带来的机遇与挑战提供借鉴。

碳达峰与碳中和 水泥行业经验与路径
Tandafeng yu Tanzhonghe Shuini Hangye Jingyan yu Lujing
武庆涛 尹靖宇 张晋 李晋梅 编著

出版发行：中国建材工业出版社
地 址：北京市海淀区三里河路11号
邮 编：100831
经 销：全国各地新华书店
印 刷：北京雁林吉兆印刷有限公司
开 本：787mm×1092mm 1/16
印 张：7.75 插页1
字 数：160千字
版 次：2023年1月第1版
印 次：2023年1月第1次
定 价：68.00元

本社网址：www.jccbs.com，微信公众号：zgjcgycbs
请选用正版图书，采购、销售盗版图书属违法行为
版权专有，盗版必究。本社法律顾问：北京天驰君泰律师事务所，张杰律师
举报信箱：zhangjie@tiantailaw.com 举报电话：(010) 57811389
本书如有印装质量问题，由我社市场营销部负责调换，联系电话：(010) 57811387

编委会

主　编：武庆涛　尹靖宇　张　晋　李晋梅

编　委：（按姓氏笔画排序）
　　　　　王胜杰　王　勇　王　雪　王瑞蕴
　　　　　方　群　田　源　刘庆祎　孙志强
　　　　　孙　利　杨中周　李卫东　李保金
　　　　　罗　宁　孟晓双　郝进秀　胡志颖
　　　　　袁俣铖　郭　利　唐　兴　曹元辉
　　　　　曹雪吟　谢国俊　樊亚军　颜小波

序　言

我国正处于一个深度变革的时代。习近平主席于 2020 年 9 月 22 日对全世界做出了中国二氧化碳排放力争于 2030 年前达到峰值，努力争取 2060 年前实现碳中和的承诺。碳达峰、碳中和是我国面向建成富强、民主、文明、和谐、美丽的社会主义现代化强国提出的重要战略举措；实现碳达峰、碳中和，也是促进我国经济转向创新、持续繁荣的重要驱动力。

改革开放以来，我国的经济发展取得了举世瞩目的成就。受益于城市化进程不断加速、基础设施建设日趋完善带来的需求增长，建材行业不断发展壮大。但是，作为典型的资源和能源密集型产业，长期的粗放型增长模式也导致了建材行业资源和能源消耗、污染物和碳排放的持续上升，给社会带来了巨大的环境与气候风险。建筑材料工业的能源消费约占到全国能源消费总量的 8.5%，碳排放约占到全国的 13.2%，国务院《2030 年前碳达峰行动方案》中将推动建材行业碳达峰列为工业领域碳达峰行动的重要组成部分。距离 2030 年前实现碳达峰仅剩不到十年，我们需要做出更加深入的分析、精准的判断和缜密的安排，持续探索建材行业从高碳、高消耗的发展模式向低碳、高效转型的路径与方法。

建材行业的碳排放有两个显著的特点：一是来源构成中有约 60% 来自化学分解过程，其余则主要来自化石能源和电力的使用；二是作为建筑与基础设施的上游产业，建材产品的碳足迹对下游产业的碳达峰与可持续发展有明显影响。这两个特点也预示着对于建材行业的低碳转型而言，除了能源利用的高效低碳化以外，产业结构调整与低碳产品开发将具有同等重要的作用。

"十四五"是建材行业实现碳达峰的关键时期，《中国建材行业绿色低碳转型探索与实践系列丛书》的出版可以说正当其时。从国内外经验与路径介绍开始，以水泥等典型建材领域为实践重点，丛书系统展开能源利用、碳足迹以及碳市场等核心议题，以点带面、深入浅出地为我们阐述了建材行业绿色低碳转型过程中所面临的核心问题与解决之道，将有助于广大读者了解当前建材行业面向碳达峰、碳中和所做出的积极努力。

碳达峰、碳中和目标的提出，是挑战，但更是机遇。在我国经济发展进入新常态这一背景下，以新能源为代表的现代能源产业发展快速升温，低碳技术的创新也将伴随着落后产能淘汰的步伐而迎来新的机遇。根据国际能源署（IEA）的预测，随着我国经济逐步从水泥、钢铁等初级制造业向高附加值、低能耗制造业转型升级，水泥、粗钢产量的下降将使能源消耗下降约20%，中国的水泥产量预计将在2025年前后达到峰值，至2060年与2020年水平相比下降45%，在全球水泥生产中的份额下降到30%左右。现在，我们正处在时代发展的拐点上，如何应对新旧动能转换带来的挑战与机遇，实现碳达峰和碳中和的目标，需要全社会共同努力，坚持不懈，勇于探索，用好可持续发展这把"金钥匙"。

杜祥琬
中国工程院院士

前　言

2021年，中共中央、国务院《关于完整准确全面贯彻新发展理念做好碳达峰碳中和工作的意见》（以下简称《意见》）以及国务院《2030年前碳达峰行动方案》（以下简称《方案》）先后印发，作为碳达峰碳中和"1+N"政策体系中的核心内容，《意见》和《方案》进一步明确了我国实现达峰的总体目标，部署了实施路径。

我国自2020年提出力争"2030碳达峰、2060碳中和"这一目标，使得"碳减排"成为各行业与企业发展道路上无法回避的任务与挑战。中国建筑材料联合会在2021年初率先发出了《推进建筑材料行业碳达峰、碳中和行动倡议书》，提出建材行业2025年、水泥行业2023年率先达峰的愿景。水泥是支撑基础设施建设与人居环境改善的重要原材料工业，也是工业领域内二氧化碳（CO_2）排放的重要来源。水泥行业的碳减排工作将对建材行业乃至工业领域的减排进程带来显著影响。

新世纪以来，随着我国经济建设规模的不断加大，对水泥的需求持续增加，行业进入快速发展时期，我国已连续多年成为全球最大的水泥生产与消费国，占到全球总市场规模的55%以上。在保持产量快速增长的同时，水泥生产工艺技术水平和水泥质量整体有较大程度的提升，基本完成了生产工艺的结构调整。目前，除少量特种水泥生产线外，新型干法工艺已经是我国通用水泥生产的主流工艺，相比国外不存在技术差距甚至在部分装备领域已经实现领先。

我国水泥消费规模自2014年达到阶段性高点24.8亿t，人均消费量达到近1.8t后，行业内普遍认为彼时消费峰值点已来临。"十三五"时期，国内水泥市场规模一直在22亿~24亿t水平徘徊。至2020年末，全国共有1685条新型干法熟料生产线，实际熟料设计产能约在18.27亿t，水泥消费量为23.8亿t，人均水泥消费量约1.7t，进入典型的水泥消费峰值平台区间。

2020年，水泥行业CO_2排放约13.6亿t，约占全国总CO_2排放的12%，面临着较大的碳减排压力。水泥生产的碳排放来源主要有三个方面，分别是化石燃料燃烧排放、碳酸盐分解过程排放以及电力使用产生的间接排放。其中碳酸盐分解过程排放占到水泥生产企业碳排放的60%以上。受目前水泥原料组分、工艺技术的限制，过程排放部分很难在短期通过技术手段实现有效的减排与中和，这也是水泥企业最难实现有效减排的一类碳排放源。

水泥行业的碳减排一方面需要考虑碳排放绝对量的降低，这主要取决于市场对于水泥需求量的变化；另一方面则是对于行业的碳排放强度降低的预期，主要取决于未来低碳技术、低碳产品的发展。参考欧洲、美国等已基本处于达峰平台或下降期的经济体针对水泥行业碳减排及碳中和所制定的路径，在水泥需求量保持基本稳定的前提下，很难单独依靠水泥行业内部实现碳中和目标，需要综合考虑与能源供给、混凝土、建筑等行业价值链上下游的合作减排。即便如此，在现有发展情境假设下，水泥行业最终仍将有约20％的过程排放量无法完全中和，需要依靠相关中和、负碳等兜底技术予以解决。

本书系统梳理并分析了水泥行业在"碳达峰、碳中和"背景下的发展方向与应对措施，以国内外碳减排经验为基础，引入生命周期观点深入剖析水泥企业在探索碳减排、碳中和过程中的可行路径，将为广大从业人员了解水泥行业碳减排的出发点与落脚点提供参考。

编　者

2022年1月

目 录

1 国内外水泥行业碳排放背景与现状 ·········· 001
1.1 碳达峰、碳中和提出背景 ·········· 001
1.1.1 碳达峰、碳中和定义 ·········· 001
1.1.2 世界碳达峰、碳中和进展 ·········· 001
1.1.3 中国碳达峰、碳中和进展 ·········· 002
1.2 全球主要地区、国家碳减排路径与政策 ·········· 004
1.2.1 欧盟 ·········· 004
1.2.2 德国 ·········· 005
1.2.3 美国 ·········· 006
1.2.4 日本 ·········· 007
1.2.5 总结 ·········· 007
1.3 国外水泥工业运行与碳减排现状 ·········· 008
1.3.1 世界水泥工业总体状况 ·········· 008
1.3.2 国外水泥行业碳减排相关研究 ·········· 010
1.3.3 国际水泥行业推进碳减排的主要思路 ·········· 018
1.4 国内水泥工业运行与碳减排现状 ·········· 020
1.4.1 我国水泥工业的发展现状 ·········· 020
1.4.2 水泥行业碳减排政策与标准发展概况 ·········· 026
1.5 国际经验的参考与启发 ·········· 028
1.5.1 减碳技术的重点方向 ·········· 028
1.5.2 社会环境的打造 ·········· 030

2 温室气体排放标准体系及量化方法 ·········· 031
2.1 水泥行业碳排放测量方法概况 ·········· 031
2.2 水泥企业组织边界的碳排放核算方法 ·········· 033
2.2.1 碳排放核算标准 ·········· 033
2.2.2 国内外水泥企业碳排放核算方法的异同 ·········· 036
2.2.3 水泥企业碳排放核算标准的应用 ·········· 040
2.3 水泥产品边界的碳足迹核算方法 ·········· 044
2.3.1 碳足迹的理论背景 ·········· 044
2.3.2 碳足迹核算标准 ·········· 045
2.3.3 水泥产品的碳足迹核算 ·········· 046

3 水泥行业碳减排路径全景分析 ········· 052

3.1 水泥产品全生命周期的碳排放 ········· 053
3.1.1 概述 ········· 053
3.1.2 水泥产品全生命周期各阶段碳排放源 ········· 053

3.2 水泥行业全生命周期碳减排的技术路径 ········· 054
3.2.1 节能与能效提升：各阶段碳减排路径的优先选项 ········· 054
3.2.2 原料与能源获取阶段 ········· 056
3.2.3 原燃材料与产品运输 ········· 057
3.2.4 生产过程的减碳途径 ········· 058
3.2.5 产品使用过程 ········· 063
3.2.6 产品生命末期 ········· 064
3.2.7 综合减排手段 ········· 064

3.3 减碳技术发展趋势介绍 ········· 065
3.3.1 新能源的开发使用 ········· 065
3.3.2 碳捕集、利用与封存 ········· 066
3.3.3 前沿降碳技术展望 ········· 067
3.3.4 技术经济性及减排潜力的对比分析 ········· 068

4 碳减排目标与披露 ········· 070

4.1 碳减排目标的设定 ········· 070
4.1.1 概述 ········· 070
4.1.2 碳减排目标的设定方法 ········· 070
4.1.3 国外典型企业的碳减排目标对比 ········· 072

4.2 我国水泥行业碳减排路线图初探 ········· 074
4.2.1 我国水泥行业发展情境分析 ········· 074
4.2.2 项目层面减排量的测算 ········· 080
4.2.3 水泥行业碳达峰、碳减排的基本路线图 ········· 082

4.3 企业设定碳减排目标的关键步骤 ········· 084
4.4 企业环境信息的披露 ········· 085

5 水泥行业碳交易实践 ········· 087

5.1 全球碳交易市场建设情况 ········· 087
5.2 中国碳交易市场建设情况 ········· 088
5.3 碳交易背景下水泥企业的应对策略 ········· 092
5.3.1 碳交易对水泥企业生产经营的影响 ········· 092
5.3.2 企业的应对策略 ········· 093

5.4 水泥企业碳排放管理体系的建设 ········· 094
5.4.1 制度建立 ········· 094

5.4.2	数据管理	095
5.4.3	碳资产管理	095
5.4.4	人员管理	095
5.4.5	资金管理	095
5.4.6	风险管理	095

6 思考与展望 ······ 097

    6.1 "碳达峰、碳中和"背景下水泥行业的思考 ······ 097

    6.2 碳减排技术路径展望 ······ 098

附录1 缩略语 ······ 100

附录2 主管部门近两年推荐的节能低碳技术 ······ 101

附录3 碳达峰、碳中和政策进展 ······ 103

参考文献 ······ 110

1　国内外水泥行业碳排放背景与现状

> 2016年11月《巴黎协定》正式实施，世界各国纷纷通过制订计划、法规展现应对气候变化行动的决心。水泥是工业领域碳排放的主要来源之一，为支撑行业层面行动，国际能源署（IEA）、欧洲水泥协会（CEMBUREAU）等国际组织进行了较为系统深入的研究。我国水泥产量占据全球市场半壁江山，为了有效指导我国水泥行业制定符合行业发展现状的减排策略，借鉴国外已有经验，本篇围绕国内外主要国家及地区、行业组织在应对气候变化方面的行动进行介绍。

1.1　碳达峰、碳中和提出背景

1.1.1　碳达峰、碳中和定义

碳达峰是指二氧化碳（CO_2）排放（以年为单位）在一段时间内达到峰值，之后进入平台期并可能在一定范围内波动，然后进入平稳下降阶段。由于经济因素、极端气象自然因素等，视情况可以适度允许在平台期内出现碳排放上升的情况，但不能超过峰值碳排放量。

碳中和是指国家、区域、公司、团体、个人等在一定时间（一般是1年）内直接和间接排放的CO_2，与其通过植树造林，碳捕捉、利用与封存（CCUS）等方式清除的CO_2相互抵消，实现CO_2"净零排放"。

1.1.2　世界碳达峰、碳中和进展

全球已有超100个国家和地区提出实现碳中和时间，其中2个国家已经实现碳中和，有6个国家在法律层面、6个国家在立法法案层面、21个国家在国家政策文件层面明确实现碳中和。总体看，从碳达峰到碳中和平均需要53年（表1-1）。

表1-1　世界主要国家碳达峰、碳中和进展

国家	碳达峰时间	碳中和时间	状态
苏里南共和国	—	—	已实现碳中和
不丹	—	—	
瑞典	1979	2045	实现碳中和纳入法律
英国	1973	2050	
法国	1973	2050	

续表

国家	碳达峰时间	碳中和时间	状态
丹麦	1996	2050	实现碳中和纳入法律
新西兰	未达峰	2050	
匈牙利	1978	2050	
欧盟	1987	2050	已提议碳中和纳入立法
加拿大	未达峰	2050	
韩国	未达峰	2050	
西班牙	2007	2050	
智利	未达峰	2050	
斐济	—	2050	
芬兰	2003	2035	碳中和纳入国家政策文件中
奥地利	2003	2040	
冰岛	未达峰	2040	
德国	1973	2045	
美国	2007	2050	
日本	2008	2050	
南非	未达峰	2050	
巴西	2014	2050	
瑞士	2001	2050	
挪威	2004	2050	
爱尔兰	2007	2050	
葡萄牙	2005	2050	
中国	2030 前	2060 前	
哈萨克斯坦	1988	2060	
斯洛文尼亚			
巴拿马			
哥斯达黎加			
印度尼西亚			
安道尔			
梵蒂冈			
马绍尔群岛			

来源:《企业碳中和路径图——落实巴黎协定和联合国可持续发展目标之路》,联合国全球契约组织,2021。

1.1.3　中国碳达峰、碳中和进展

习近平主席在 2020 年 9 月 22 日第七十五届联合国大会一般性辩论上宣布"中国将提高国家自主贡献力度,采取更加有力的政策和措施,二氧化碳排放力争于 2030 年前达到峰值,努力争取 2060 年前实现碳中和。"此后,习近平主席在联合国生物多样性峰

会（2020年9月30日）、第三届巴黎和平论坛（2020年11月12日）、金砖国家领导人第十二次会晤（2020年11月17日）、二十国集团领导人利雅得峰会"守护地球"主题边会（2020年11月22日）、气候雄心峰会（2020年12月12日）、世界经济论坛"达沃斯议程"对话会（2021年1月25日）、世界地球日领导人气候峰会（2021年4月22日）等多个重大场合重申"3060目标"（图1-1）。

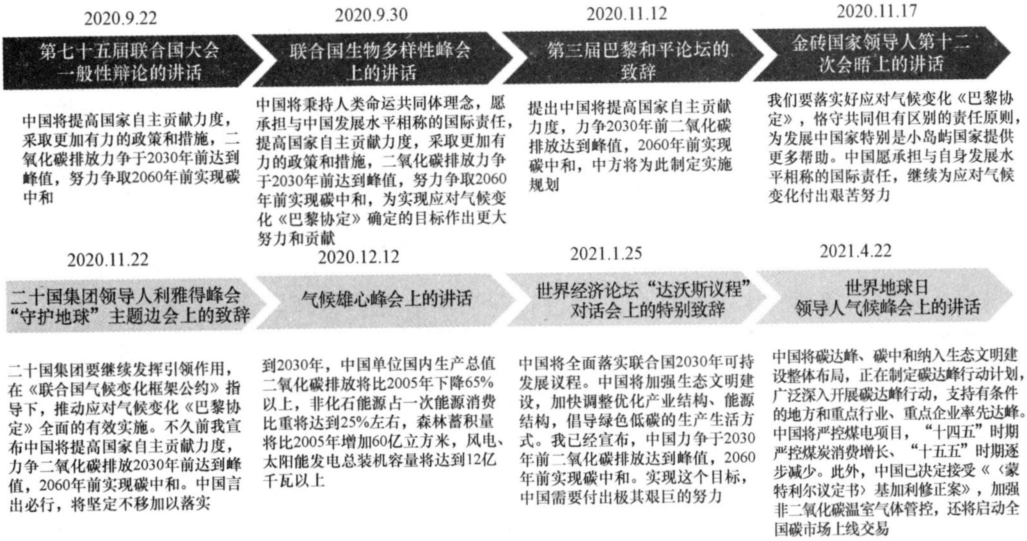

图1-1 多个重大场合重申"3060目标"

2020年10月30日召开的中国共产党十九届五中全会，提出了广泛形成绿色生产生活方式，碳排放达峰后稳中有降，生态环境根本好转，美丽中国建设目标基本实现等展望。2021年"两会"上，碳达峰、碳中和首次被写入《政府工作报告》，2021年3月15日，中央财经委员会第九次会议进一步明确提出，要把碳达峰、碳中和纳入生态文明建设整体布局，拿出抓铁有痕的劲头，如期实现2030年前碳达峰、2060年前碳中和的目标（图1-2）。

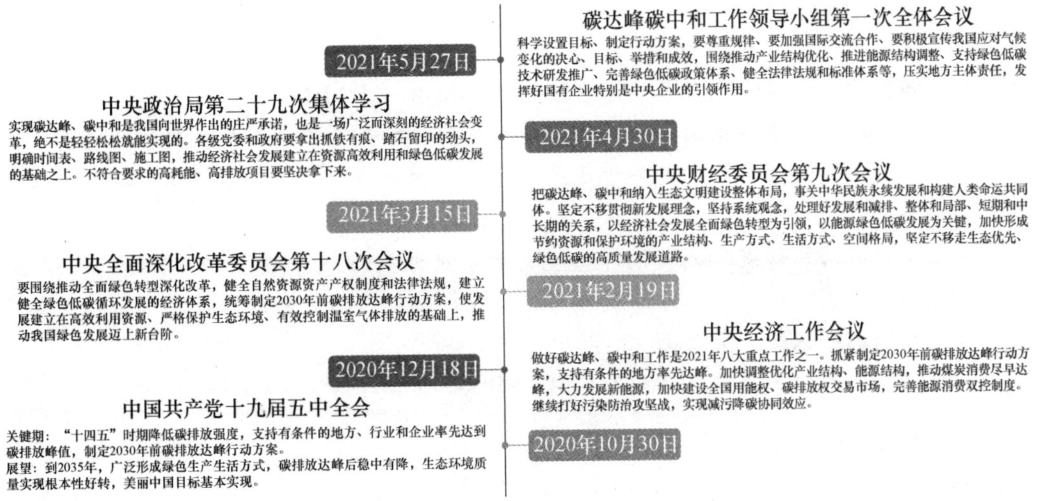

图1-2 国内关于碳达峰碳中和的重大会议

2020年3月11日,"十四五"规划和2035年远景目标纲要发布,规划要求:落实2030年应对气候变化国家自主贡献目标,制定2030年前碳排放达峰行动方案、锚定努力争取2060年前实现碳中和,采取更加有力的政策和措施。

1.2 全球主要地区、国家碳减排路径与政策

1.2.1 欧盟

为了应对气候变化,响应《巴黎协定》气候目标,欧盟委员会于2019年12月在布鲁塞尔公布应对气候变化新政"欧洲绿色协议",提出到2050年欧洲在全球范围内率先实现碳中和,即CO_2净排放量降为零。"欧洲绿色协议"提出与1990年的水平相比,2030年前实现温室气体净排放量进一步减少不低于55%;2050年前由原来制定的80%减排目标变更为实现气候中和目标。通过转向清洁能源、循环经济以及阻止气候变化、恢复生物多样性、减少污染等变革政策实现碳中和目标。这些措施几乎涉及所有经济领域,尤其是交通、能源、农业、建筑业等领域以及钢铁、水泥、信息和通信技术、纺织和化工等行业。

为了确保2050年气候目标的实现,欧盟在2020年3月推出《欧洲气候法》草案,把2050年气候目标写入法律。2020年12月9日,《欧盟气候公约》启动,人民、社区和组织被邀请参与到气候行动中来,建设一个更绿色的欧洲。《欧盟气候公约》为每个人提供了一个分享信息、辩论和就气候危机采取行动的空间,并成为日益壮大的欧洲气候运动的一部分。《欧盟气候公约》发出公开呼吁,邀请市民及组织成为气候公约大使,鼓励个人或集体做出气候行动承诺,帮助动员、支持和参与。

2021年2月24日,欧盟通过了《欧盟适应气候变化新战略》,目标是将重点从理解问题转向制定解决方案,并从规划转向实施。战略中指出加强和扩展欧洲适应气候变化信息平台(European Climate Adaptation Platform, Climate-ADAPT),并将增加一个专门的健康观察站,以便更好地跟踪、分析和预防气候变化对健康的影响。同时,将气候变化工作与宏观财政政策、地方政策结合起来,共同推进(图1-3)。

延伸阅读:欧洲适应气候变化信息平台 Climate-ADAPT[1]

该平台是欧盟构建不同国家间协作应对气候变化的重要工具,其主要功能包括:

- 信息的构建和共享,促进关于气候变化的影响和脆弱性的科学信息、数据和案例研究的收集和传播,以建立一个不断更新的知识库;
- 不同地域的气候变化脆弱性评估以及适应计划和措施评估,为决策者(欧盟的、国际的、国家的、区域的、地方的或部门的)提供指导、工具和最佳做法来帮助他们有效吸收这方面的知识;
- 促进相关部门和不同机构层次之间更高水平的合作。

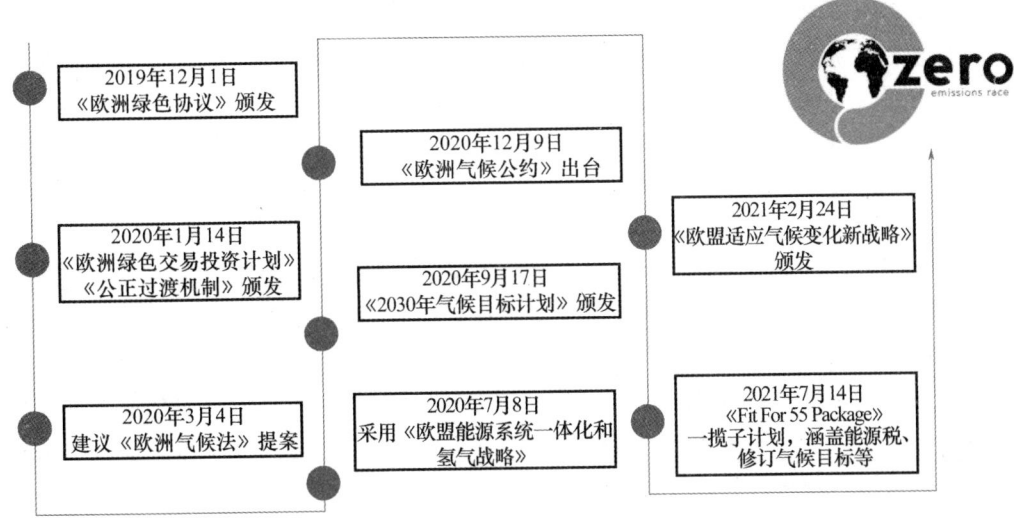

图 1-3 欧盟减碳政策框架

1.2.2 德国

作为欧盟成员国，2019 年 11 月 15 日，德国联邦议院通过了《德国联邦气候行动法》(Climate Action Act)，并出台《气候行动方案 2030》(Climate Action Programme 2030)，明确了德国到 2030 年温室气体排放比 1990 年减少 55%，到 2050 年实现净零排放的中长期减排目标。在 2021 年 5 月修订的《德国联邦气候保护法》中将 2030 年温室气体排放指标修改为比 1990 年减少 65%，比欧盟设定的目标进一步降低了 10%，同时净零排放目标也比欧盟要求提前 5 年到 2045 年实现。下一步德国推行的减排途径和措施涵盖：碳定价调整、财政补助、建筑和房屋、运输、农业和林业、能源、工业、研发创新、气候保护监督管理体系和财政投入十个方向。

延伸阅读：《气候行动方案 2030》(Climate Action Programme 2030)[2]

- 碳定价调整：2021 年 1 月 1 日起，德国全面启动国家碳排放交易系统，每吨 CO_2 的初始价格定为 25 欧元。到 2025 年逐渐上升到 55 欧元，预期到 2026 年时碳定价将在最低 55 欧元和最高 65 欧元的价格区间。
- 财政补助：德国联邦政府将补贴政策与激励机制相融合，鼓励居民乘坐长途火车出行，将长途火车票价的增值税从 19% 永久性地降低到 7%，调高了欧洲境内航班的增值税。
- 建筑和住房：通过加大可再生能源的投资有效提高建筑物的能效，并使更多的供暖系统使用可再生能源。
- 运输：设计了一系列降低运输行业温室气体排放的政策，从鼓励电动汽车、自行车和铁路出行到发展替代燃料技术和应用碳定价的激励约束机制。

- 农业和林业：增加有机农业用地的比例，增加气候友好型土地利用，注重对森林和木材使用的保护和可持续管理，提升农业的能源效率，减少畜牧业排放，增加食物的可持续消费等。
- 能源：增加风能、太阳能、水能、生物质能、氢能比例，在2038年前淘汰煤炭能源，同时，提供能源使用效率。
- 工业：鼓励工业企业开发气候保护的创新技术，采用气候友好的生产技术降低能源和资源消耗，使用清洁能源、CCUS（碳捕获、利用与封存）技术和轻质化产品技术，减少碳排放。
- 研发创新：加大对能源技术领域投资的力度，包括新能源电池技术、氢能技术和合成低碳能源技术，促进能源技术创新。这将对生产、运输、存储到应用整个能源链的气候保护做出贡献。
- 气候保护监督管理体系：《德国联邦气候行动法》在实施过程中实现最大限度的公开透明与监督力度。该法律对所有部门均规定了年度温室气体排放限值。如果不遵守这些规定，德国联邦政府会立即采取措施进行纠正。
- 财政投入：到2030年前将投入数千亿欧元用于应对气候变化和能源转型。此外，从碳定价中获取的收益将用于其他气候保护措施和补贴居民。通过设立特别的能源和气候基金刺激对气候友好措施的进一步投资并支持经济发展。

1.2.3 美国

2007年，美国能源消耗排放的CO_2为60.03亿t，此后逐渐走低。2019年为51.46亿t，低于1993年的水平。美国总统拜登在2021年1月20日上任第一天就宣布重返《巴黎协定》，并就减少排放提出若干新政。到2035年，通过向可再生能源过渡实现无碳发电；到2050年，让美国实现碳中和是美国在气候领域提出的最新目标。

为了实现美国的"3550"碳中和目标，拜登政府计划拿出2万亿美元用于基础设施、清洁能源等重点领域的投资。

延伸阅读：美国的减碳途径与措施[3]

- 交通：推广清洁能源汽车和电动汽车计划、城市零碳交通、慢性交通、"第二次铁路革命"等。
- 工业：零碳工业生产过程和产品的研发、示范、商业化推广和广泛应用，工业CCS（碳捕捉与封存）和绿氢能源应用激励措施等。
- 建筑：建筑节能升级、建筑用能电气化、推动新建筑零碳排放等。
- 电力：引入电厂碳捕获改造，发展新能源等，同时，加大清洁能源创新，成立机构大力推动包括储能、绿氢、核能、CCS等前沿技术研发，努力降低低碳成本。
- 农业和林业：推广智慧农业，提高农业生产力，减少农业温室气体排放；保护森林，植树造林，支持林地恢复等。

1.2.4 日本

2020年10月,日本宣布将于2050年实现碳中和目标。2020年12月25日,日本经济产业省发布了《2050年碳中和绿色增长战略》,此战略是一项产业政策,在2050年实现碳中和这一具有挑战性的目标,旨在实现经济增长和环境保护的良性循环。《2050年碳中和绿色增长战略》从14个重点领域出发,明确了当前面临的挑战和未来应采取的行动,并制定了包括预算、税收、监管改革和标准化、国际合作等全面政策的行动计划。具体路径包括多途径促进能源供给清洁化、应用新技术加快重点行业减排脱碳、发展绿色产业推动生活方式低碳化和通过政策保障各行业计划落实四个主要方向。

> **延伸阅读:** 日本《2050年碳中和绿色增长战略》[4]
> - 海上风电产业:到2040年实现国内装机量30~45GW、设备国产化率60%。
> - 氨燃料产业:到2030年实现20%氨混燃烧技术普及化、全球氨燃料供应规模达1亿t。
> - 氢能产业:到2030年进口氢气300万t,成本下降2/3至20日元/m^3,到2050年氢气供应量达到2000万t、涡轮氢气发电成本低于燃机发电。
> - 核能产业:利用已建成的高温气冷堆和将于2025年启动的核聚变反应堆开展高温热能制氢技术研究与示范,提高热能利用率、制造零碳氢。
> - 交通物流与建筑:智能交通、绿色物流。交通网络的高效化、建筑施工的高效化、道路设施的节能化和智能化,促进电动汽车、燃料电池汽车、建筑机械的普及,通过港口利用的零排放减轻交通物流的环境负担等。
> - 信息通信:加快通信业数字化进程,在2030年实现新建数据中心节能30%以上,到2040年提前实现通信业碳中和。
> - 农林渔业:提高农林渔业智能化水平,构建自产自销能源系统,利用森林及木材、耕地、海洋实现对碳元素的长期大量储存。
> - 资源循环:实施碳回收利用,推广使用CO_2吸收型混凝土,通过藻类固碳并生产生物质燃料;普及资源循环利用,扩大再生材料的应用,积极利用燃烧设施废气,加强废物发电、热利用、甲烷发酵生物气化。
> - 住宅与生活方式:发展下一代住宅、商业建筑和太阳能产业,普及生活相关脱碳技术,推行住、行一体化管理,利用区块链构建碳交易市场,发展共享交通物流。

1.2.5 总结

2015年12月联合国气候变化大会上通过了《巴黎协定》,为2020年后全球应对气候变化行动做出安排。《巴黎协定》长期目标是将全球气温较前工业化时期上升幅度控制在2℃以内,并努力将温度上升幅度限制在1.5℃以内。为了实现《巴黎协定》长远目标,30多个国家或地区都发布碳中和目标,其中欧盟、德国、美国、日本等分别提出在2050年实现碳中和目标。

表 1-2 欧盟、德国、美国、日本碳中和目标和途径与措施

国家/地区	年份	目标	途径与措施
欧盟	2030	温室气体排放指标比 1990 年减少 55%	(1) 提供清洁、负担得起和安全的能源; (2) 实现清洁和循环经济; (3) 建筑节能及资源高效利用; (4) 加速向可持续和智能出行转变; (5) 设计公平、健康和环保的食品系统; (6) 保护和恢复生态系统和生物多样性; (7) 实现无毒环境的零污染目标
	2050	欧洲范围内实现碳中和	
德国	2030	温室气体排放指标比 1990 年减少 65%	(1) 碳定价调整; (2) 财政补助; (3) 建筑和住房; (4) 运输行业; (5) 农林业保护和可持续管理; (6) 改善能源结构,提供能源使用效率; (7) 鼓励工业企业开发气候保护创新技术; (8) 加大对能源技术领域投资的力度; (9) 加强气候保护监督管理体系建设; (10) 加大财政投入
	2045	实现净零排放目标	
美国	2035	电力无碳化	(1) 交通领域:推广清洁能源汽车和电动汽车计划、城市零碳交通、慢性交通、"第二次铁路革命"等; (2) 工业领域:生产过程和产品的研发、示范、商业化推广和广泛应用,工业 CCS 和绿氢能源应用激励措施等; (3) 建筑领域:建筑节能升级、建筑用能电气化、推动新建筑零碳排放等; (4) 电力领域:引入电厂碳捕获改造,发展新能源等; (5) 农业和林业领域:推广智慧农业,提高农业生产力,减少农业温室气体排放,保护森林,植树造林,支持林地恢复等
	2050	实现碳中和	
日本	2050	实现碳中和	(1) 大力推广清洁能源,优化能源结构; (2) 应用新技术加快重点行业减排脱碳; (3) 发展绿色产业,推动生活方式低碳化; (4) 政策保障

1.3 国外水泥工业运行与碳减排现状

1.3.1 世界水泥工业总体状况

根据美国地质调查局(USGS)的统计数据,2019 年,全球水泥产能为 37 亿 t,水泥产量约为 41 亿 t。全球水泥产量在 2014 年达到 42 亿 t 的高点,此后一直维持在 41 亿 t 上下波动,这也与中国水泥市场的走势相关联(图 1-4)。

在全球水泥产量的分布中,中国水泥产量约占全球水泥产量的 55%,比其余所有国家之和还要多;其次是印度,水泥产量约占全球产量的 8%(图 1-5)。

1 国内外水泥行业碳排放背景与现状

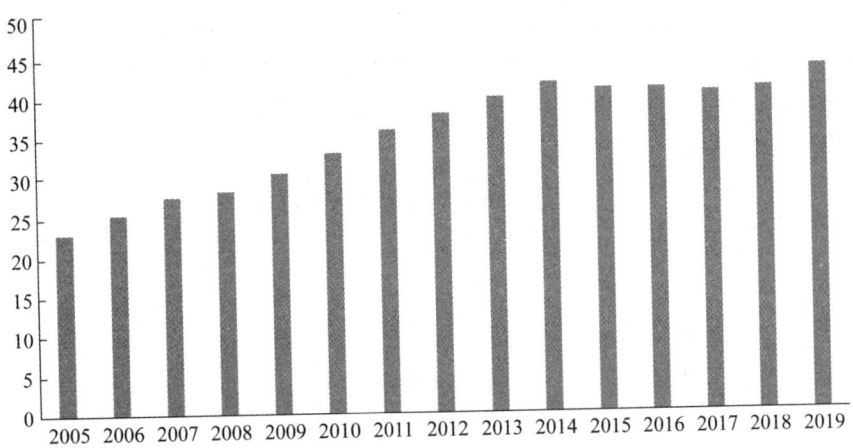

图1-4 2005—2019年全球水泥产量统计情况[5]

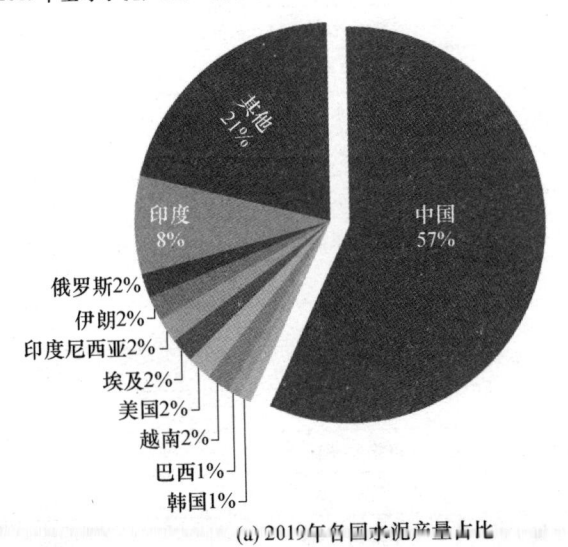

(a) 2019年各国水泥产量占比

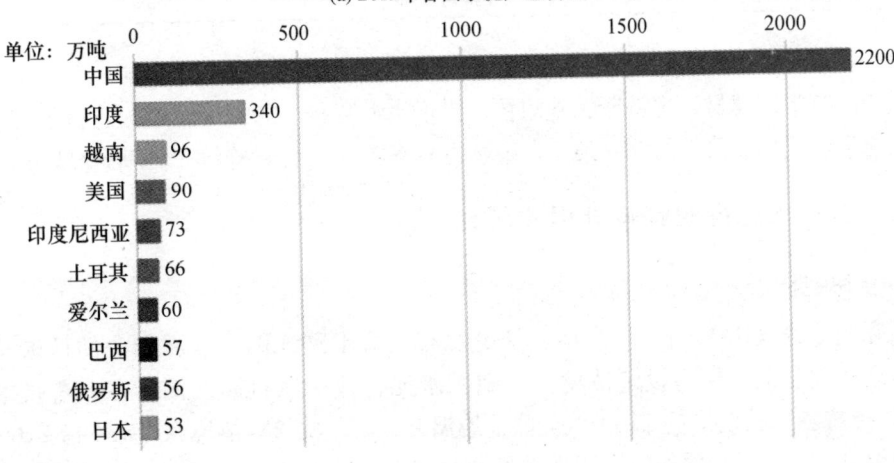

(b) 2020年各国水泥产量

图1-5 全球水泥产量及区域分布情况

结合2019年全球各大水泥企业数据，以企业旗下水泥总产能（不包含在建）作为关键指标，全球前20大水泥生产商排名中，中国企业达到10家，中国建材是全球最大的水泥生产商，2019年的产能达到5.2亿t，紧随其后排名全球第二的是海螺水泥，产能3.59亿t（表1-3）。

表1-3 2019年全球水泥生产商top20[6]

序号	国家（总部）	企业	2019年水泥产能（万t）
1	中国	中国建材	52100
2	中国	海螺水泥	35900
3	瑞士	拉法基豪瑞	28590
4	德国	海德堡	18700
5	中国	金隅冀东	17000
6	印度	超科水泥	11480
7	中国	山水集团	10166
8	中国	华新水泥	10000
9	墨西哥	西麦斯	9300
10	中国	华润水泥	8430
11	中国	红狮控股	7920
12	中国	台湾水泥	7470
13	俄罗斯	欧洲水泥集团	6000
14	爱尔兰	老城堡	5900
15	中国	天瑞水泥	5670
16	印度尼西亚	印尼水泥集团	5300
17	巴西	沃特兰亭水泥	5280
18	尼日利亚	丹格特集团	4600
19	中国	亚洲水泥	4110
20	意大利	布兹由尼斯	3960

水泥技术装备的发展是支撑我国水泥工业迈入世界前列的基础。目前，全球水泥装备主要供应商有中国建材、史密斯、施耐德、洪堡水泥装备、海螺等。中国建材承接了全球在建水泥生产线583条中的379条[7]，市场占有率超过65%，连续13年居全球第一。

1.3.2 国外水泥行业碳减排相关研究

1. 国际能源署

国际能源署（IEA）在2018年4月份发布《技术路线图：水泥行业的低碳转型》，以控制全球温度上升作为设定情境，规划了水泥行业的减排路线图。在参考技术情境（RTS，指按各国目前措施2100年全球平均温升2.7℃）、2℃情境（2DS，指2100年全球平均温升2℃）下，预测的水泥低碳发展趋势，见表1-4。

根据趋势预测，主要路径从控制排放总量和控制排放强度两方面制定。排放总量的降低主要由碳捕捉与封存（CCS）技术来贡献。RTS情境下，2050年水泥产量相比2014年上升幅度约12%，需控制在46.8亿t左右，通过CCS技术捕捉封存量需要约0.83亿t；2DS情境下，产量与RTS情境保持一致，CCS技术捕捉封存量则需大幅度上升到约5.52亿t。对于控制排放强度的措施，主要提出降低熟料系数、降低热耗和电耗，提高燃料替代料等措施。RTS情境下工艺过程排放强度从2014年的0.34 tCO_2/t水泥降至2050年的0.33 tCO_2/t水泥，在2DS情境下需降至0.24 tCO_2/t水泥；燃料相关排放强度在RTS情境下从0.2 tCO_2/t水泥降至0.17 tCO_2/t水泥，2DS情境下需降至0.13 tCO_2/t水泥。

表1-4 国际能源署（IEA）水泥行业低碳转型技术路线图[8]

项目	2014	RTS			2DS		
		2030	2040	2050	2030	2040	2050
水泥产量（亿t/a）	41.71	42.50	44.29	46.82	42.50	44.29	46.82
CCS（亿tCO_2/a）	—	0.07	0.65	0.83	0.14	1.73	5.52
熟料系数	0.65	0.66	0.67	0.66	0.64	0.63	0.60
熟料热耗（GJ/tcl）	3.5	3.4	3.3	3.2	3.3	3.2	3.1
水泥电耗（kW·h/t）	91	89	86	82	87	83	79
替代燃料使用（%）	5.6	10.9	14.4	17.5	17.5	25.1	30.0
工艺过程排放强度（tCO_2/t水泥）	0.34	0.34	0.34	0.33	0.33	0.30	0.24
燃料相关排放强度（tCO_2/t水泥）	0.20	0.19	0.18	0.17	0.19	0.16	0.13

从IEA的分析可以看出，水泥行业在现有技术发展条件下，碳排放总量整体下降趋势主要由燃料相关的排放强度下降所贡献，如果要按《巴黎协定》所提出的全球温度升高控制在2℃以内目标设定，水泥行业则需要全面考虑有效降低过程排放以及进一步降低燃料燃烧排放，同时需要对碳捕捉与封存等技术的开发利用进行系统规划。

延伸阅读：IEA《技术路线图：水泥行业的低碳转型》

- 提高能源效率：优化生产工艺，提高化石能源利用效率，降低燃烧碳排放。通过能效提升技术可降低0.26Gt或3% CO_2累计排放量。建议的技术包括采用带有分解炉、多级旋风预热器和多通道燃烧器的干法窑来煅烧水泥；采用矿化剂等改变原料性质，降低熟料的黏度和熔化温度；富氧燃烧技术可节约能源5%；使用高效粉磨技术使全球水泥电力消耗量降低14%；通用设备加装变频电机等。

- 提高替代燃料比例：通过提高窑炉协同处理废弃物替代燃料使用比例，减少对化石燃料的依赖，降低化石燃料燃烧排放。通过燃料替代技术可降低0.9 $GtCO_2$或12% CO_2累计排放量。目前，煤炭占全球水泥使用能源的比例为70%；石油和天然气占24%；生物质和替代燃料占5%。因此，后期应关注废弃轮胎、废油、污泥、塑料、废木屑等能源的替代。

- 降低熟料系数：降低熟料系数可减少2.9Gt或37%的 CO_2累计排放量。预计到2050年，通过资源综合利用以及复合水泥品种的开发，熟料系数将降到0.60。

- 新兴低碳技术：通过产品创新，发展低碳水泥，研发低碳新水泥产品，通过减少或消除所用矿物原料的碳含量，减少或消除水泥生产过程中产生的工艺排放。建议的技术包括研发贝利特水泥、硫铝酸盐水泥、碱激发胶凝材料等；可再生能源发电（风力、太阳能、水力）；碳捕捉、利用与封存（CCUS）技术；窑炉电气化（在2040年后开始小规模应用）等。

2. 欧洲水泥协会

欧洲是最早提出"碳中和"概念的地区，欧盟委员会于2019年提出到2050年欧洲在全球范围内率先实现"碳中和"。2013年欧洲水泥协会制定了水泥行业碳中和路线图，设定了2030年CO_2减排40%，2050年CO_2减排80%的目标。

为推动水泥行业的碳中和，欧洲水泥协会在2018年提出熟料-水泥-混凝土-建筑-再碳化产业链的"5C"法，如图1-6所示。以1990年欧洲水泥行业碳排放强度783kg CO_2/t水泥作为基准线，每吨水泥若想在2050年实现碳中和，熟料阶段需贡献160kg CO_2，水泥阶段需贡献117kg CO_2，混凝土阶段贡献59kg CO_2，建筑碳化贡献51kg CO_2，最终无法实现减排的280kg CO_2需要通过碳捕捉、利用和封存（CCUS）进行兜底，各阶段的减排途径及预期减排量见表1-5。

根据欧洲水泥协会制定的欧洲水泥行业碳中和路径可以看出，其将水泥行业的中和分成较为清晰的两个阶段，第一个阶段是从基准年1990—2030年，扣除路线图发布前已经实现的116kg CO_2减排量后，主要的减排途径中熟料阶段需要贡献34%左右的减排量，建筑过程贡献30%左右的减排量；2030—2050年的20年时间，为了实现最终中和的目标，CCUS技术需要对无法减排的280kg CO_2进行兜底，贡献占比48%。

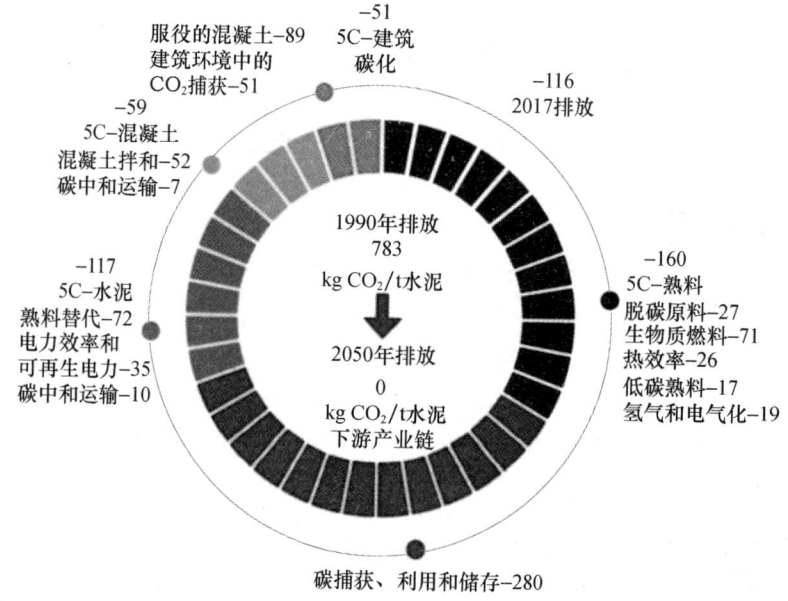

图1-6 欧洲水泥协会2050水泥碳中和路径[9]

表 1-5 "5C"法各阶段减排途径及量化目标

阶段	减排量（kgCO$_2$/t 水泥）				途径
	1990（基准线）	2017	2030	2050	
熟料	—		−14	−13	脱碳原材料
			−30	−41	替代燃料
			−9	−17	热效率
			−8	−9	低碳熟料
				−19	氢气和电气化
水泥	—	−116	−24	−48	熟料替代
			−11	−24	能效和可再生电力
				−10	碳中和运输
混凝土	—		−28	−24	混凝土拌和设计
				−7	碳中和运输
建筑、碳化	—		−54	−35	服役的混凝土
				−51	建筑环境碳捕捉
CCUS	—			−280	
合计	783	667	543	0	混凝土服役的减排作用未计算在内

延伸阅读：欧洲水泥协会"5C"法理论

• 熟料（Clink）

政策层面：鼓励促进欧盟各国之间的废物运输，禁止废物填埋和出口；保证有足够的机会获得更多的不可回收和生物质废物，以逐步取代和淘汰化石燃料的使用。同时，需要足够的基础设施来运输、回收和储存捕获 CO_2；需要紧急研发一个泛欧的 CO_2 运输网络，以满足行业的需求；迫切需要能够持续支持碳捕获、利用和存储的技术。

技术层面：从脱碳原材料替代、生物质废物使用、热效率、低碳熟料研究、氢能源和电气化、碳捕捉-利用-封存技术六个路线进行减排。计划从 2017 年的 667kg CO_2/t 水泥降低至 227kg CO_2/t 水泥。

• 水泥（Cement）

政策层面：鼓励低碳水泥和混凝土的发展应用；鼓励与标准化机构合作，确保所用产品的标准，允许低碳水泥和混凝土进入市场，以实现水泥的碳减排。同时，通过免除工业用电的税收和制定适当的补偿机制来鼓励工业电气化。

技术层面：从减少熟料使用、可再生电力能源使用和碳中和运输进行减排。计划从 2017 年的 667kg CO_2/t 水泥降低至 550kg CO_2/t 水泥。

• 预拌混凝土（Concrete）

政策层面：基于产品完整的生命周期，考虑产品在服役期间和服役后的性能变化，完成对产品的碳减排任务；对产业链下游的工作人员进行严格的技能培训。同时，在建筑领域实现碳中和需要新的技能，并且需要建筑师、工程师和地方政府之间的合作。

技术层面：从数字化、配合比设计改进、新型外加剂、低碳水泥和水泥替代品的应用，以及运输进行减排。

• 碳化（Carbonation）

政策层面：认可混凝土在其生命周期内对 CO_2 再吸收的能力，应将其核算入碳足迹减排统计中。

技术层面：从建筑环境中的再碳化、再生混凝土的增强再碳化和天然矿物的碳化进行减排。

• 建筑（Construction）

政策层面：减少碳排放的关键是采用更加循环的方法，政策上应鼓励最大程度地提高建筑材料的各种性能，包括耐久性、可回收性、蓄热性能和再碳化能力等。

技术层面：从建筑物能源效率、减少混凝土使用量和绿色设计进行减排。

3. 国际水泥和混凝土协会

国际水泥和混凝土协会（GCCA）在 2018 年成立，不久就颁布了《可持续发展宪章》，核心内容是要求成员对气候行动进行监测和报告。GCCA 代表全球 40 家水泥和混凝土龙头企业发布了《水泥和混凝土行业 2050 气候目标声明》（Climate Ambition），提出"2050 年前实现混凝土碳中和目标"。GCCA 制定并实施了 2050 年路线图，并公布详细的实施策略。路线图将包括明确的计划、技术、策略、政策和措施。

> **延伸阅读：《水泥和混凝土行业 2050 气候目标声明》（Climate Ambition）**[10]
>
> 自 1990 年以来，每吨胶凝材料的 CO_2 排放量减少了 19.2%，用于替代传统化石燃料的替代性燃料使用量增加了 9 倍多。减少工艺过程的排放量需要进行重大的技术创新，包括首先在生产过程中减少排放，以及运用碳捕获技术。
>
> 路线图在现有水泥行业的综合技术路线图基础上构建，将为混凝土行业指明清晰的道路。
>
> • 减少水泥和混凝土生产过程中的排放；
> • 发挥混凝土使用过程的减碳作用；
> • 通过优化建筑设计减少原材料需求；
> • 制定有利于改进提高原材料利用和建造效率的标准；
> • 推进混凝土结构的再利用；
> • 建筑部品部件设计为可拆解和再利用；
> • 考虑建筑使用寿命结束时的 CO_2 节省量，包括混凝土回收利用和增强的再碳化作用。

4. 德国水泥研究院（Verein Deutscher Zementwerke，VDZ）

目前，德国水泥行业的碳总排放量约为 2000 万 t，约占德国碳排放量的 2%，其中大约 2/3 是由过程排放引起的，1/3 由燃料燃烧排放造成的。VDZ 参照欧洲水泥协会的"5C"价值链路线图制定《水泥与混凝土去碳化：德国水泥工业 CO_2 路径图》（Decarbonising Cement and Concrete: A CO$_2$ Roadmap for the German Cement Industry），以2019年为基准提出碳中和情境下水泥行业碳排放总量减排目标。碳排放通过价值链可以减排约90%，剩余部分减排依靠减少建造需求，最终实现2050净零目标。通过利用生物质替代燃料结合CCS技术（BECCS）可从大气中额外去除大约160万t的二氧化碳，实现超净零目标（图1-7、表1-6）。

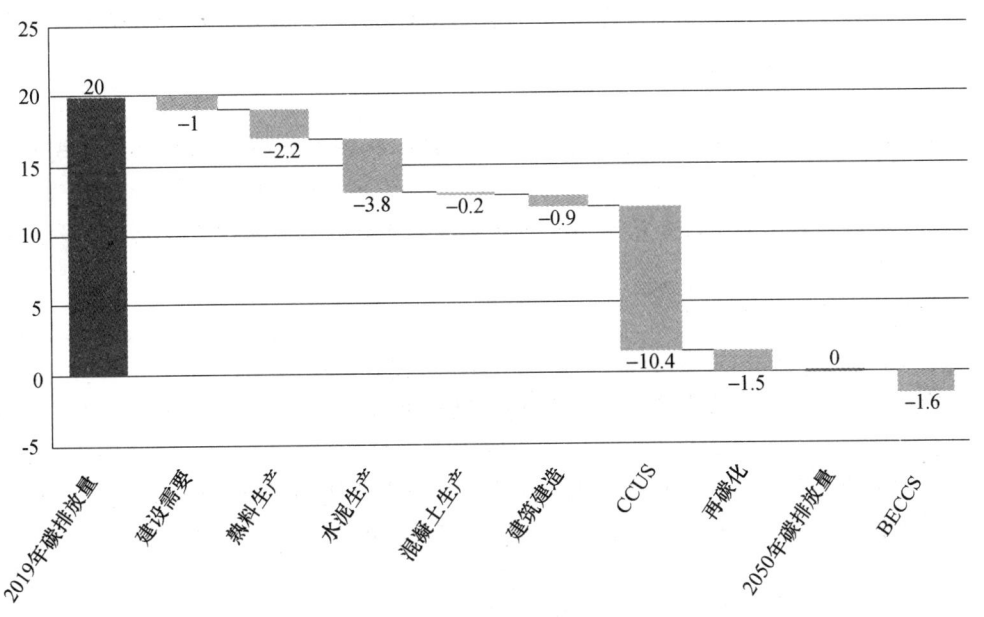

图1-7 水泥价值链减碳目标效果图

表1-6 VDZ水泥各价值链减碳目标（碳中和情境下）[11]

价值链阶段	净零目标下各阶段减排量目标（Mt CO$_2$）
熟料	2.2
水泥	3.8
混凝土	0.2
建造	0.9
CCUS	10.4
再碳化	1.5
减少建筑需求	1
BECCS	1.6（负排放）

📖 **延伸阅读**：《水泥与混凝土去碳化：德国水泥工业CO$_2$路径图》（Decarbonising Cement and Concrete: A CO$_2$ Roadmap for the German Cement Industry）

路径图提出2050年时高预期参考情境（Ambitious reference scenario）和碳中和情境（Climate neutrality scenario）两种假设前提下的技术投入情况。高预期参考情境即基于现有碳减排技术发展情况，提出更具挑战性的减排技术预期与目标；碳中和情境则考虑在现有技术发挥全部碳减排潜力的前提下，结合突破性减排技术的使用所能达到的预期目标。

- 熟料

高预期参考情境：热效率提升13%、替代燃料占比达到85%（其中35%为生物质能）、传统能源占比15%、不考虑CCUS技术。

碳中和情境：热效率提升13%、替代燃料占比达到90%（其中35%为生物质能）、氢能源占比10%、使用CCUS技术。

- 水泥

高预期参考情境：发展CEM Ⅱ/C复合水泥、熟料系数降至0.63、不考虑新胶凝材料。

碳中和情境：发展CEM Ⅱ/C和CEM Ⅵ复合水泥、熟料系数降至0.53、新胶凝材料占比达到5%。

- 混凝土

高预期参考情境：根据使用要求，区分使用混凝土。

碳中和情境：根据使用要求，区分使用混凝土。

- 建造

高预期参考情境：提升混凝土建造方法、扩大工业化建造能力。

碳中和情境：更多的材料节约、更高的工业化建造能力。

- 再碳化

高预期参考情境：过程排放20%再碳化。

碳中和情境：过程排放20%再碳化。

5. 美国波特兰水泥协会（PCA）

PCA在2020年公布了减少碳排放和进一步应对气候变化的影响全行业目标，并于2022年1月正式发布了《碳中和路线图》（Roadmap to Carbon Neutrality），提出PCA会员企业到2050年实现水泥和混凝土价值链的碳中和承诺，与欧洲水泥协会（ECA）的水泥行业碳中和路径类似，PCA的路线图也包括了从水泥制造开始到建筑直至纳入循环经济的全生命周期，这一方式充分利用了价值链上的每个环节的相互促进作用。

PCA总结了美国水泥行业近些年使用的减碳技术[12]，具体包括：

(1) 提高能源效率；

(2) 可燃烧的固体废弃物替代化石燃料；

(3) 提高水泥和混凝土利用效率；

(4) 新型水泥研发。

6. 西班牙水泥生产商协会（OFI）

西班牙水泥生产商协会在2020年12月发布了西班牙水泥行业2050年碳中和路线图，路线图基于欧洲水泥协会的"5C"价值链方法制定，与1990年相比，到2030年预期实现碳减排43%，到2050年实现碳中和。

西班牙水泥和混凝土价值链减排措施和目标见表1-7。

表 1-7　西班牙水泥生产商协会价值链减排措施和目标[13]

价值链	减排措施	目标		
		2018	2030	2050
熟料	脱碳替代材料	3.15%	5%	8%
	使用替代燃料（生物质）	12%	45%（20%）	70%（40%）
	提高能源效率	—	5%	16%
	低碳熟料减排量比例	0	2%	5%
	氢能源和窑炉电气化比例	0	0	10%
	CCUS	0	1%	50%
水泥	熟料系数	83%	75%	70%
	可再生能源电力比例	—	50%	100%
	清洁运输比例（氢能源和电力）	0	0	100%
混凝土	减少单位体积水泥用量	0	5%	10%
	清洁运输（氢能源和电力）	0	0	100%
建造	提高建筑物能源使用效率	不适用	不适用	不适用
再碳化	混凝土再碳化	0	20%	23%

7. 英国矿产协会（MPA）

自 1990 年以来，英国混凝土和水泥行业的碳排放量减少了 50% 以上。2018 年，英国混凝土和水泥的 CO_2 排放量为 730 万 t，约占英国温室气体排放量的 1.5%。MPA 下属的英国混凝土协会（UK Concrete）在 2020 年发布了《英国混凝土和水泥工业超净零路线图》(UK Concrete and Cement Industry Roadmap to Beyond Net Zero)，首次提出相比碳中和更为激进的"超净零（Beyond Net Zero）"目标。

所谓"超净零"即在实现 CO_2 零排放的基础上进一步达到负排放的目标。UK Concrete 制定的 2050 超净零排放路径可以理解为两个阶段性目标：

碳中和目标：
(1) 电力脱碳实现间接排放减少 4%，即 27.05 $kgCO_2/t$；
(2) 运输工具脱碳及优化运输网络实现减排 7%，即 44.45 $kgCO_2/t$；
(3) 低碳水泥和混凝土实现减排 12%，即 76.28 $kgCO_2/t$；
(4) 替代燃料实现减排 16%，即 99.45 $kgCO_2/t$；
(5) CCUS 技术实现减排 61%，即 390.97 $kgCO_2/t$。

超净零目标：
(1) 混凝土碳化实现减排 12%；
(2) 建筑材料蓄热（Thermal mass）实现碳减排 44%。

延伸阅读：蓄热（Thermal mass）实现碳减排的理论方法[14]

《英国混凝土和水泥工业超净零路线图》中提出的以蓄热方式实现碳排放的减少，是基于建筑材料的全生命周期碳足迹角度进行估算。

蓄热是重质建材（如混凝土和砌体）的一种特性，在这些材料中，热量可以被吸收、储存和释放，这一特性可以间接减少建筑物进行制冷或取暖所消耗的能源。基于生命周期评估（LCA）和使用后评价（Post-Occupancy Evaluation）可以证实智能蓄热的节能贡献有助于对气候变化的需求侧响应。

到2050年，通过混凝土的蓄热作用估计可以为英国节约14%的电力消耗。这相当于2018年英国混凝土和水泥行业碳排放水平的44%。

1.3.3 国际水泥行业推进碳减排的主要思路

围绕水泥行业工作重点，国外相关研究主要关注以下几方面：

1. 提高能源利用效率

优化生产工艺，提高化石能源利用效率，降低燃烧碳排放。

国际能源署（IEA）指出：采用带有分解炉、多级旋风预热器和多通道燃烧器的干法窑来煅烧水泥；采用矿化剂等改变原料性质，降低熟料的黏度和熔化温度；富氧燃烧技术可节约能源5%；使用高效粉磨技术使全球水泥生产用电力消耗量降低14%；通用设备加装变频电机等。

欧洲水泥协会（ECA）指出将预热器和其他类型的窑炉转化为预分解窑，通过回收冷却器的热量来转化为水泥生产所需的20%的电力，从而提高热效率，相比1990年的基准水平，至2030年之前热效率可提高4%，至2050年提高14%；至2050年，综合利用不同的碳捕获技术降低42%二氧化碳的排放；通过改变窑炉预热器的设计和改进粉磨工艺来提高电力效率，至2050年完全采用可再生能源可将二氧化碳排放总量减少6%。

德国水泥研究院（VDZ）提出2050年碳中和情境下，熟料生产热效率相比基准水平提升13%。西班牙水泥生产商协会（OFI）发布的碳中和路线图中提出，相比基准水平，能源效率2030年提升5%、2050年提升16%的目标。

2. 提高替代燃料比例

提高窑炉协同处理废弃物替代燃料使用比例，减少对化石燃料的依赖，降低化石燃料燃烧排放。

国际能源署（IEA）指出煤炭占全球水泥使用能源的比例为70%；石油和天然气占24%；生物质和替代燃料占5%。到2050年，应关注废弃轮胎、废油、污泥、塑料、废木屑等能源的替代。

国际水泥和混凝土协会（GCCA）指出最大限度地处理其他行业的废物。

欧洲水泥协会（ECA）指出采取协同处理的办法，利用可燃废物替代化石燃料，降低煅烧排放，减少填埋所产生的甲烷。至2030年替代燃料占比达到60%（其中30%为生物质能），至2050年替代燃料占比达到90%（其中50%为生物质能）。

德国水泥研究院（VDZ）提出2050年替代燃料占比达到90%（其中35%为生物质能）。

西班牙水泥生产商协会（OFI）提出2030年替代燃料占比达到45%（其中20%为生物质能），2050年替代燃料占比达到70%（其中40%为生物质能）。

英国混凝土协会（UK Concrete）提出2050年替代燃料占比达到70%。

3. 提高替代原材料和熟料比例

利用其他行业有价值的废料或副产品替代，增加脱碳原材料使用比例，减少碳排放。

各个水泥行业组织提出的双碳路径均指出逐步降低熟料系数,具体熟料占比见表1-8。

表1-8　各水泥行业组织双碳路径提出的熟料占比系数

行业组织	数据来源	现阶段	2030	2050
国际能源署(IEA)	《全球能源行业2050净零排放路线图》	0.71	0.65	0.57
欧洲水泥协会(ECA)	《欧洲绿色协议》	0.77	0.74	0.65
德国水泥研究院(VDZ)	《德国水泥行业CO_2路线图》	0.77	—	0.53
西班牙水泥生产商协会(OFI)	《水泥行业2050碳中和路线图》	0.83	0.75	0.70

国际能源署(IEA)指出到2050年石灰石和煅烧黏土将成为混合水泥的主要替代材料。

国际水泥和混凝土协会(GCCA)指出减少水泥中的熟料比例。

欧洲水泥协会(ECA)指出原料可来源于拆迁垃圾中的水泥浆、淬冷矿渣和废弃石灰等,使用脱碳原料,到2030年可减少3.5%的工艺二氧化碳排放,到2050年可减少8%。开发利用高炉矿渣、粉煤灰、黏土、页岩和火山灰质等材料替代熟料,将熟料在水泥中的含量从2030年的74%~77%降到2050年的65%。

西班牙水泥生产商协会(OFI)指出脱碳替代材料2030年达到5%,2050年达到8%。

英国混凝土协会(UK Concrete)指出降低水泥中熟料占比。

4. 优化能源结构

提高风电、光电、氢能等可再生能源使用比例,最大程度地利用余热发电,减少化石能源使用,减少碳排放。

国际能源署(IEA)指出至2040年氢能源比例约占10%。国际水泥和混凝土协会(GCCA)指出消除与能源有关的排放并通过可再生能源减少和消除间接能源的排放。

欧洲水泥协会(ECA)指出使用氢能源和可再生电力。德国水泥研究院(VDZ)指出2050年氢能源占比达到10%。

西班牙水泥生产商协会(OFI)指出水泥可再生能源电力比例2030年达到50%,2050年达到100%。

5. 开发低碳水泥

通过产品创新,发展低碳水泥,研发低碳新水泥产品,通过减少或消除所用矿物原料的碳含量,减少或消除水泥生产过程中产生的工艺CO_2排放。

国际能源署(IEA)指出开发贝利特水泥、硫铝酸盐水泥、碱激发胶凝材料等。

欧洲水泥协会(ECA)指出开发硫铝酸盐熟料(SAC)、铁铝酸盐熟料(FAC)、贝利特-硫铝酸钙-铁相熟料(BYF)和铝酸盐熟料。至2030年将二氧化碳排放减少2%,至2050年减少5%。同时,开发硫铝酸盐水泥、铝酸盐水泥、铁铝酸盐水泥和煅烧黏土石灰石等新型水泥。

德国水泥研究院(VDZ)指出聚焦CEM Ⅱ/C和CEM Ⅵ水泥,到2050年新的胶凝材料占比达到5%。

6. 推进新工艺及技术创新

借助新技术手段实现零碳排放,包括碳捕集、利用与封存(CCUS)技术、窑炉电气化技术等。

国际能源署(IEA)推荐的技术:余热利用、可再生能源发电(风力、太阳能、水力)、利用与封存(CCUS)技术、窑炉电气化(在 2040 年后开始小规模应用)等。

国际水泥和混凝土协会(GCCA)指出通过新技术或大规模部署碳捕捉来减少排放。

欧洲水泥协会(ECA)指出研究使用电力加热炉、利用太阳辐射将石灰石分解为氧化钙、全氧燃烧等新技术。

德国水泥研究院(VDZ)指出使用 CCUS 技术。西班牙水泥生产商协会指出 2050 年氢能源和窑炉电气化比例达到 10%。

英国混凝土协会(UK Concrete)指出 2050 年 CO_2 排放量降低 61%,每吨水泥通过 CCUS 降低 390.97kg CO_2 排放。

1.4 国内水泥工业运行与碳减排现状

1.4.1 我国水泥工业的发展现状

1. 我国水泥产能分布概况与发展趋势

至 2020 年末,全国共有 1685 条新型干法熟料生产线,其中新点火生产线 26 条,实际熟料产能约在 18.27 亿 t,相比前一年净增加约 2000 万 t[15]。整体来看,目前全国熟料总产能仍保持稳定。图 1-8 所示为截至 2020 年底水泥熟料产能在全国各大区域分布情况,可以看出现阶段全国水泥熟料的主要产能集中在华东、中南、西南三个区域,占比超过全国总产能的 70%。按省份划分,安徽以 39.69 万 t/天的产能规模居首位,山东、广东、河南等省日均产能均超过 30 万 t(图 1-9)。

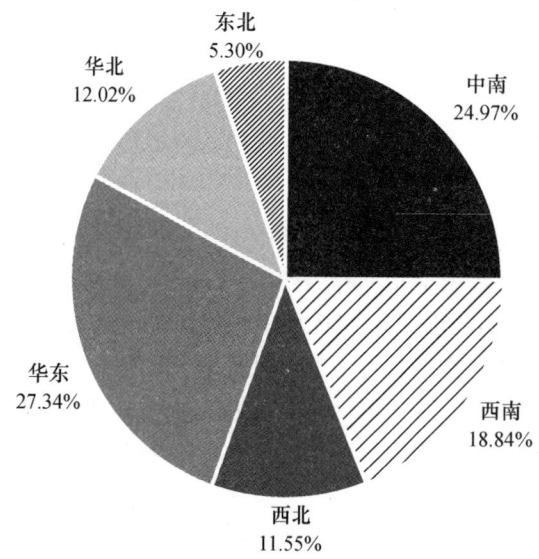

图 1-8 2020 年全国水泥熟料区域分布图

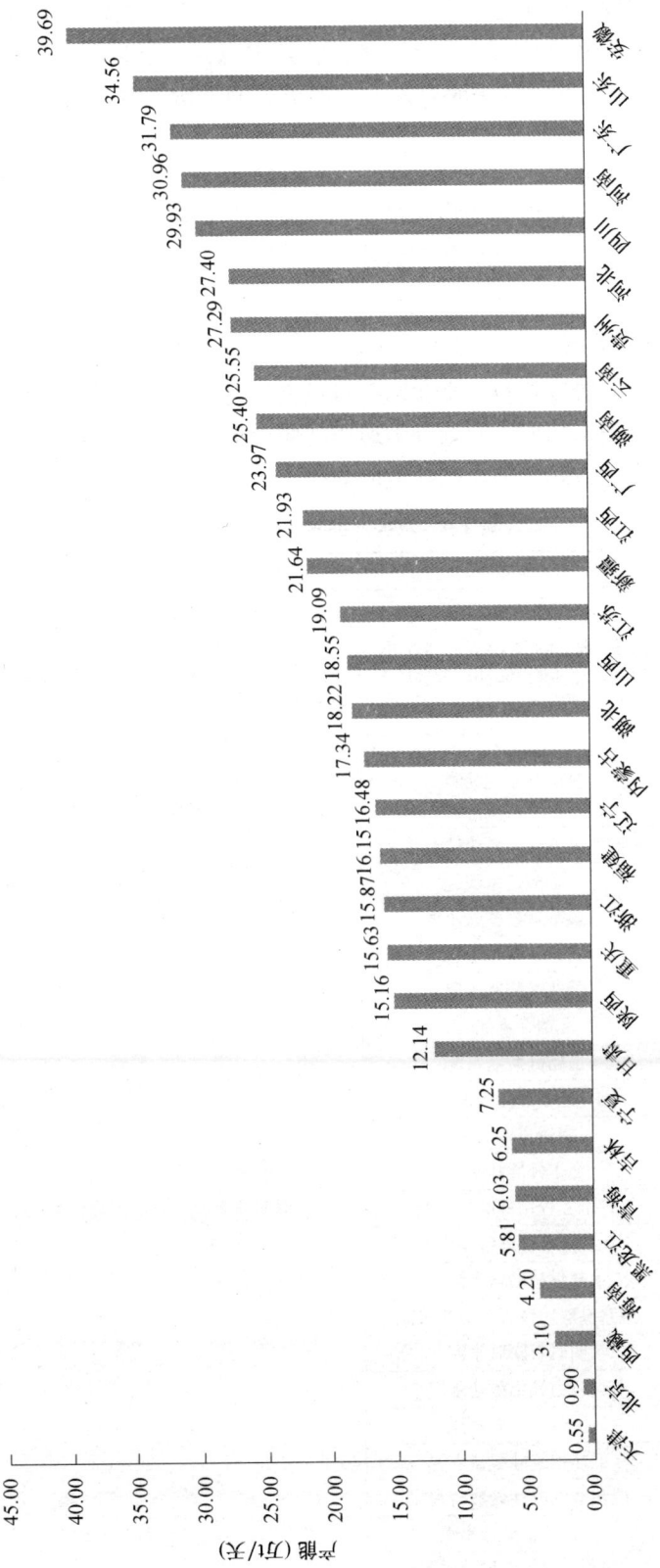

图1-9　2020全国各省熟料产能分布(万t/天)

2020年水泥行业新投产产能约3800万t，其中60%为产能置换项目。从新投产生产线布局来看，集中分布在中部、西南部地区。其中以云南省最多，6条线点火，产能超过650万t，云南地区连续两年成为投产产能最高的省份。其次为贵州地区，全年有3条线接近500万t的产能投产。

随着产能置换政策越来越严，水泥行业新增产能趋势在一定程度上得到了有效遏制，不过总体上水泥行业仍然处于产能扩张的阶段，尤其是中西部省份，在原有产能基础较高的前提下，置换新增产能仍处在快速发展区间，将对水泥行业整体化解过剩产能造成影响。

2. 水泥产量与消费概况

水泥生产与销售一般以熟料、水泥两个口径进行统计。熟料是水泥生产的重要过程产品，水泥产品又可根据功能不同划分为通用硅酸盐水泥及特种水泥（表1-9），其中用量最广的通用水泥产量占到全部水泥产量的90%左右。

表1-9 水泥产品种类的划分

产品	品种序号	产品品种	产品说明
通用水泥	1	通用水泥 32.5R、42.5、42.5R、52.5、52.5R、62.5、62.5R 等	通用水泥是指一般土木建筑工程通常采用的水泥。产品：通用硅酸盐水泥、砌筑水泥、钢渣硅酸盐水泥、镁渣硅酸盐水泥、石灰石硅酸盐水泥、磷渣硅酸盐水泥、钢渣砌筑水泥
硅酸盐水泥熟料	2	硅酸盐水泥熟料	硅酸盐水泥熟料以钙质和硅质材料为主要原料，按适当比例配制成生料，煅烧至部分熔融，并经冷却所得以硅酸钙为主要矿物组成的产物
特种水泥	3	中热硅酸盐水泥、低热硅酸盐水泥	特种水泥是指具有特殊性能或用途的水泥
特种水泥	4	铝酸盐水泥	
特种水泥	5	抗硫酸盐硅酸盐水泥	
特种水泥	6	白色硅酸盐水泥	
特种水泥	7	低热微膨胀水泥	
特种水泥	8	油井水泥	
特种水泥	9	道路硅酸盐水泥	
特种水泥	10	硫铝酸盐水泥	
特种水泥	11	钢渣道路水泥	
特种水泥	12	海工硅酸盐水泥	
特种水泥	13	核电工程用硅酸盐水泥	
特种水泥	14	免压蒸管桩硅酸盐水泥	
特种水泥	15	超细硅酸盐水泥	
特种水泥	16	道路基层用缓凝硅酸盐水泥	
特种水泥	17	明矾石膨胀水泥	
特种水泥	18	自应力铁铝酸盐水泥	
特种水泥	19	彩色硅酸盐水泥	
特种水泥	20	低热钢渣硅酸盐水泥	
特种水泥	21	硫铝酸钙改性硅酸盐水泥	
特种水泥	22	复合硫铝酸盐水泥	
特种水泥	23	快凝快硬硫铝酸盐水泥	

2000—2014年，水泥行业经历了十多年的快速稳定增长，至2014年，水泥和熟料产量达到24.8亿t和14.2亿t的高点，人均水泥消费量达到近1.8t，行业内普遍认为消费峰值点已来临。此后，产量进入波动时期，2020年全国水泥产量23.77亿t，熟料产量15.8亿t[16]，人均水泥消费量约1.7t，进入典型的水泥消费峰值平台区间。

水泥消费规模的相对稳定并不能表征我国经济建设规模进入顶峰，因为更为有实质研究意义的熟料消费规模还呈现持续增长态势。据国家统计局统计，即便受新冠肺炎疫情影响，2020年熟料产量增速3.49%，仍然高于水泥产量增速2.77个百分点。加上进口熟料补给，全年的熟料消费规模超过2019年。

之所以出现上述情况，其主要原因是我国水泥市场供给端和需求端结构均在发生变化：一方面，水泥供给结构发生变化。2016年5月，国务院办公厅下发的《关于促进建材工业稳增长调结构增效益的指导意见》（国办发〔2016〕34号）首次明确指出："停止生产32.5等级复合硅酸盐水泥，重点生产42.5及以上等级产品。"随着32.5和32.5R强度等级复合硅酸盐水泥品种的逐步退出，我国水泥市场供给结构发生了改变，32.5品种水泥产量呈下降趋势，间接导致了水泥平均熟料系数的上升。另一方面，水泥市场需求结构逐步调整。近年国内各地区基建项目得以加快推进，基建对高强度等级水泥需求增加明显，而农村等低强度等级水泥为主的市场却在萎缩，致使熟料用量增长高于水泥用量增长。

3. 水泥工艺装备技术进展及能耗基本情况

21世纪以来，中国水泥工业在保持产量快速增长的同时，基本完成了生产工艺的结构调整。目前，除少量特种水泥生产线外，我国基本实现了通用水泥新型干法工艺的全覆盖，水泥生产工艺技术水平和水泥质量整体有了较大程度的提升。总体看，中国正在从水泥大国迈向水泥强国。

目前全球每年排放的CO_2中约86%来自化石燃料的利用。我国自20世纪90年代起成为石油进口国，虽然近年来能源消费结构已经逐渐向清洁低碳转变，但由于富煤的一次能源赋存秉性，煤炭消费仍然占据主导地位。据国家能源局统计，2020年我国能源生产总量达到40.8亿tce，其中煤炭占能源消费总量的56.8%，相比2012年占比68.5%下降了11.7%；非化石能源占能源消费总量的15.9%，相比2012年上升6.2%。建材工业的能源消费整体仍以煤炭为主导，占到整体消费量的75%，水泥行业的能源消耗则占到了建材工业整体的60%（图1-10、图1-11）。

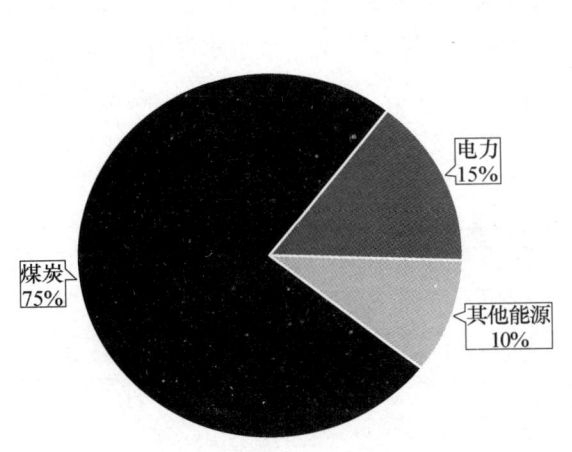

图1-10 建材行业能源消费结构

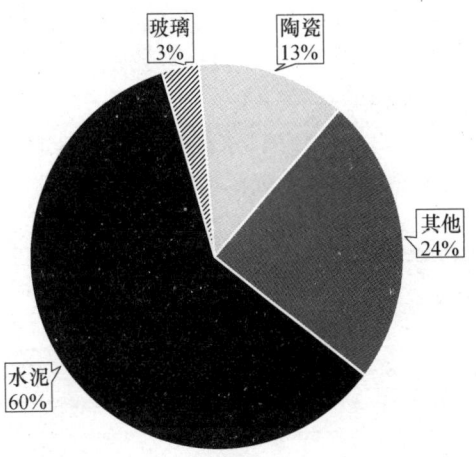

图1-11 建材行业各专业能源消耗占比

《水泥单位产品能源消耗限额》(GB 16780—2012) 和《水泥工业大气污染物排放标准》(GB 4915—2013) 的深入执行，规范了水泥企业的能耗与污染物排放控制，同时也给企业减排带来了压力和动力。为实现产品能耗限额和排放达标，水泥工业企业在节能减排方面做了大量的工作。"十三五"以来，水泥工业能耗呈逐年下降趋势，单位熟料综合煤耗由 2016 年的 119kgce 下降到 2018 年的 110kgce，煤炭消耗总量从 2016 年的 1.71 亿 tce 下降到 2018 年的 1.56 亿 tce。

近几年国家工业和信息化部公布的重点用能行业能效"领跑者"和"入围"企业名单中，水泥企业占比均超过其他重点用能行业，且能效领跑者能耗指标和入围企业能耗的门槛值均逐年提升，2020 年能效领跑者的最优指标已经达到 91.75 kgce/tcl（按 GB 16780—2012 可比熟料综合能耗核算），入围企业门槛值已经低于 100 kgce/tcl，一定程度上体现了行业整体能效水平的明显提高（图 1-12）。

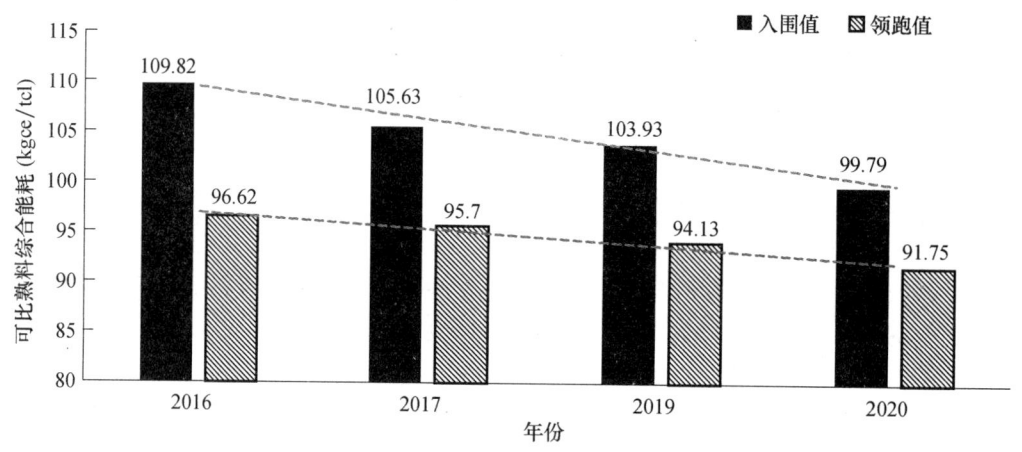

图 1-12　各年度能效"领跑者"入围值及领跑值

4. 水泥行业碳排放概况

水泥工业的碳排放主要来源于水泥熟料的生产过程。这一过程中，作为原料的石灰石、黏土和其他物质在回转窑中经高温煅烧，原料和燃料当中大量碳元素在燃烧中与氧结合，释放出 CO_2。这一过程的碳排放根据碳来源的不同可分为燃料排放（燃煤）和工艺排放（碳酸盐分解）。水泥熟料生产过程导致的碳排放占据了整个水泥行业排放量的 90% 以上。

2020 年，中国水泥行业 CO_2 排放约 13.6 亿 t，约占全国总 CO_2 排放的 12%。水泥行业整体碳排放规模也对行业碳减排形成了较大压力（表 1-10）。

表 1-10　全国水泥行业碳排放总量按省级分布汇总表

序号	省份	碳排放量（t）	序号	省份	碳排放量（t）
1	北京	2269558	5	广东	92507040
2	云南	80037756	6	重庆	46995170
3	福建	45485711	7	广西	81594677
4	浙江	48611019	8	海南	12318236

续表

序号	省份	碳排放量（t）	序号	省份	碳排放量（t）
9	贵州	76126036	20	安徽	122263949
10	内蒙古	28514109	21	山东	70759630
11	河北	65090831	22	湖南	64077852
12	西藏	5365938	23	陕西	28279451
13	黑龙江	7030848	24	河南	58890155
14	宁夏	14379355	25	四川	83423321
15	湖北	56968214	26	山西	33547744
16	吉林	15711668	27	天津	639172
17	江西	62142898	28	甘肃	30914276
18	江苏	50669758	29	新疆	20340969
19	辽宁	35863124	30	青海	8391311

全国各省份水泥行业CO_2排放总量显示，我国水泥行业碳排放总量按区域划分最高的三个区域是中南、东南、华东。安徽省水泥行业碳排放总量最高，与其在各省份中产能总量最高相应，广东、四川、广西、云南、贵州、山东等几个产能较大省份的总排放量也基本与其产能相匹配。

除了碳排放总量指标外，碳排放强度是指企业生产单位产品排放的CO_2量，与单位产品能耗指标类似，其是考察企业碳排放水平以及反映减排成效的最直接指标，同时也是评估企业减排潜力的主要依据。对比六大区域的CO_2排放强度，基本呈现三级水平，华东与中南地区CO_2排放强度最低，其次为华北与西北地区，而东北与西南地区CO_2排放强度则相对较高。由此，也可间接反映出我国水泥行业各区域整体水平情况（图1-13、图1-14）。

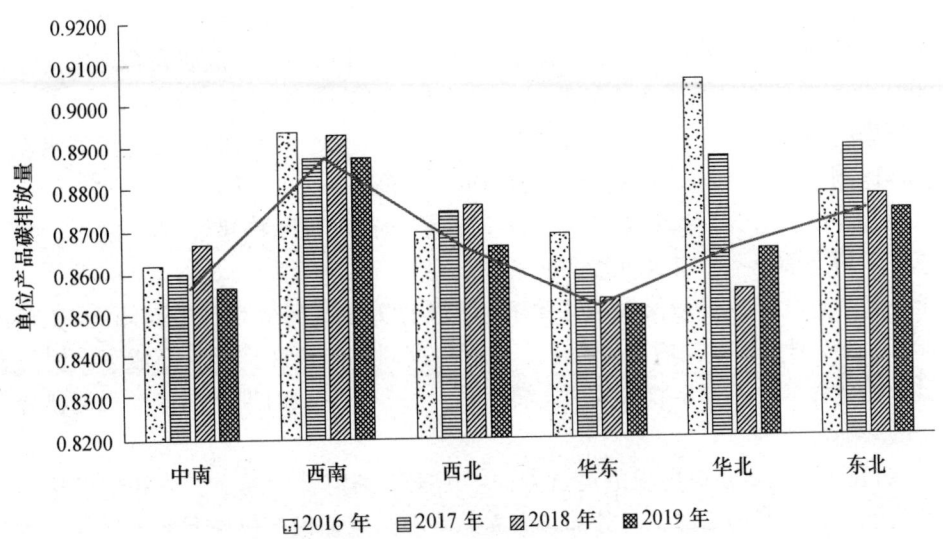

图1-13 各区域水泥行业CO_2排放强度比较（单位：tCO_2/tcl）

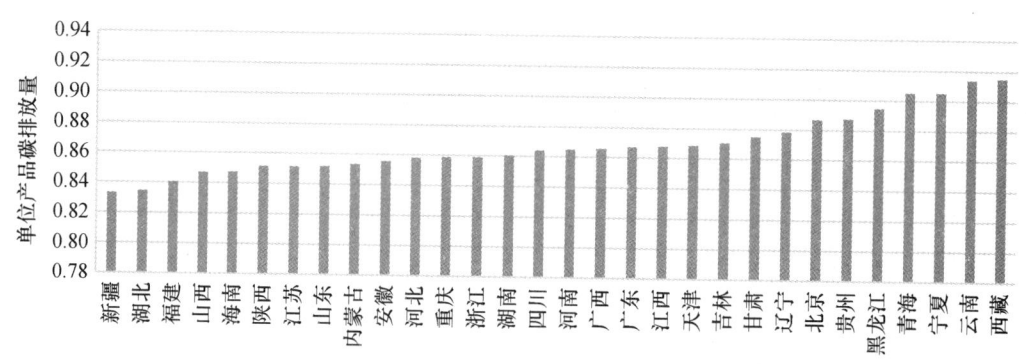

图1-14 各省水泥行业 CO_2 排放平均强度比较（单位：tCO_2/tcl）

从我国各省水泥行业 CO_2 排放强度的横向对比结果可清晰地看出各省份水泥行业碳排放控制水平。参照行业内现行的温室气体排放限值标准来看[17]，以江苏为首有4省 CO_2 排放强度最低约 $0.845tCO_2/tcl$，基本代表了现阶段水泥企业碳排放控制的先进水平；山西、海南等15省 CO_2 排放强度约 $0.870tCO_2/tcl$，是现状技术工艺条件下企业有效控制碳排放的平均水平；吉林、甘肃、宁夏、云南、西藏、内蒙古等11个省份 CO_2 排放强度约 $0.905tCO_2/tcl$，对比东部地区，这一排放水平尚有较大的减排潜力。

1.4.2 水泥行业碳减排政策与标准发展概况

1. 产能置换与错峰生产政策法规

目前水泥行业已经形成多项产业政策共同发力，促进高质量发展的基础局面。"十三五"期间，国务院办公厅《关于促进建材工业稳增长调结构增效益的指导意见》（国办发〔2016〕34号）作为纲领性文件，推动水泥行业供给侧结构性改革、转型升级和健康发展。产能置换和错峰生产成为压减过剩产能的两大政策抓手。

《水泥玻璃行业产能置换实施办法》（工信部原〔2021〕80号）等政策营造了公平竞争的市场环境，既有效遏制了违规新增项目，又有序引导了资源要素合理流动配置。

2021年，工信部发布了新修订的《水泥玻璃行业产能置换实施办法》，进一步提高在大气污染防治重点区域和其他区域的置换比例，规定大气污染防治重点区域水泥行业产能置换比例不低于2∶1，非重点区域置换比例不低于1.5∶1。对于湖北、云南、贵州、四川、安徽五省开展磷石膏资源利用，且替代石灰石原料超过70%的生产线，可以在总量不增加前提下由省级统筹产能指标[18]。

工业和信息化部、环境保护部《关于进一步做好水泥错峰生产的通知》（工信部联原〔2016〕351号）使得错峰生产在"十三五"期间得到全面推行，形成了水泥行业经济效益和社会环境效益双丰收的局面，奠定了今后较长一段时期全国范围水泥错峰生产常态化的基础。

"十四五"初期，在市场规范运营方面，国家市场监管总局、工业和信息化部、国家发展改革委、生态环境部、商务部、海关总署和国家知识产权局七部委出台了《关于提升水泥产品质量规范水泥市场秩序的意见》（国市监质监发〔2021〕30号），进一步深化宏观政策调控。

2. 节能减排政策法规

节能减排、绿色低碳发展是水泥行业转型升级的必由之路。2016年10月，国务院印发《"十三五"控制温室气体排放工作方案》（国发〔2016〕61号），系统规划梳理了控制温室气体排放相关工作安排。后续各主管部门下发了一系列有关环境保护、节能减排、清洁生产的制度和政策文件，其中，排污许可制度的全面改革实施、重污染天气环境绩效分级等政策对促进水泥企业污染物减排发挥了重要作用。此外，生态环境部印发《关于加强高耗能、高排放建设项目生态环境源头防控的指导意见》（环环评〔2021〕45号），从环评开始防止"两高"项目盲目上马，并将碳排放核算也列入环评内容，实现了碳减排与工厂建设的协调一致。

工业和信息化部通过推进《绿色制造工程实施指南（2016—2020年）》等文件落地，开展绿色产品、绿色工厂、绿色园区、绿色供应链等示范创建工作，从2016年启动第一批示范创建以来，已有近百家水泥企业通过创建用地集约化、原料无害化、生产洁净化、废物资源化、能源低碳化的绿色工厂，成为行业绿色发展的标杆示范。

国家发展改革委2021年出台《关于严格能效约束推动重点领域节能降碳的若干意见》。当中提出，到2025年，通过实施节能降碳行动，水泥等重点行业能效达到标杆水平的产能比例超过30%，行业整体能效水平和碳排放强度达到国际先进水平，为如期实现碳达峰目标提供有力支撑。在后续发布的《高耗能行业重点领域能效标杆水平和基准水平（2021年版）》中，水泥行业能耗标杆水平定为熟料单位产品综合能耗100kgce/t，基准水平117kgce/t。据中国建筑材料联合会的统计，截至2020年底，水泥行业能效优于标杆水平的产能约占5%，能效低于基准水平的产能约占24%。距离国家发展改革委所提出的目标尚有不少差距。

3. 碳排放权交易政策进展

2014年12月，国家发展改革委颁布《碳排放权交易管理暂行办法》（国家发展改革委令第17号）。对排放配额和国家核证自愿减排量的交易活动进行了框架性的规定，明确了全国碳市场建立的主要思路和管理体系，包括配额管理、排放权交易、核查与配额清缴、监督管理、法律责任等。该《办法》作为第一份适用于中国国家碳市场的文件，释放了国家碳市场建设起步的明确信号，为后续一系列相关工作的开展提供了重要支撑。

2016年1月，国家发展改革委办公厅发出《国家发展改革委办公厅关于切实做好全国碳排放权交易市场启动重点工作的通知》（发改办气候〔2016〕57号），提出国家、地方、企业上下联动、协同推进全国碳排放权交易市场建设，紧接着在2017年《全国碳排放权交易市场建设方案（发电行业）》出台，发电行业成为率先启动全国碳排放交易体系的行业。

2020年12月，生态环境部正式印发了《碳排放权交易管理办法（试行）》（生态环境部令第19号），中国正式迎接"碳交易市场"的新时代。同时，作为全国碳市场初期运行的指导性文件，这也象征着全国碳市场的正式运行。

4. 节能降碳标准体系的建设

水泥行业的标准体系建设相对起步较早，目前在产品质量、节能、环保、安全生产等领域的标准已经趋于完善。《通用硅酸盐水泥》（GB 175—2007）、《水泥单位产品能源消耗限额》(GB 16780—2012)、《水泥工业大气污染物排放标准》(GB 4915—2013) 均作为强制性国家标准推出，在很大程度上规范了企业节能减排工作的开展。

另外，涉及装备工艺、环保治理、工厂设计、水泥窑协同处置等标准已经形成了国家、行业和团体标准体系，并鼓励企业制订高于国家标准、行业标准、地方标准，具有竞争力的企业标准。

1.5 国际经验的参考与启发

目前欧洲已有54个国家碳排放实现达峰，其中：欧盟27国作为整体早在1990年实现碳达峰；美国于2007年实现碳达峰；日本于2013年达到碳达峰。因此，欧美、日本等国家主要关注碳达峰后的CCUS等碳中和路径。而我国目前尚未实现碳达峰，短期内需要同时关注碳达峰和碳中和两个方向。

1.5.1 减碳技术的重点方向

提高能源效率，合理选用替代燃料，减少水泥熟料比与碳捕集是水泥行业实现碳减排的最主要技术手段。其中效果最明显的是碳捕集与减少水泥中熟料占比，分别可贡献48%和37%的减排，第三为合理选用替代燃料，最后是提高能源效率。

1. 降低水泥中熟料占比

根据水泥行业产品生产的特性，水泥产品生产的全生命周期中，使用熟料生产过程的碳排放量占水泥产品碳足迹总排放量的80%甚至更高，因而降低水泥中熟料占比，是能够有效降低水泥生产碳排放量的有效手段之一。图1-15所示为全球典型区域水泥中熟料占比对比图，从图中可以看出我国与世界其他典型区域水泥中熟料占比相比，显著偏低，这说明现阶段我国此方面已走在世界前列。

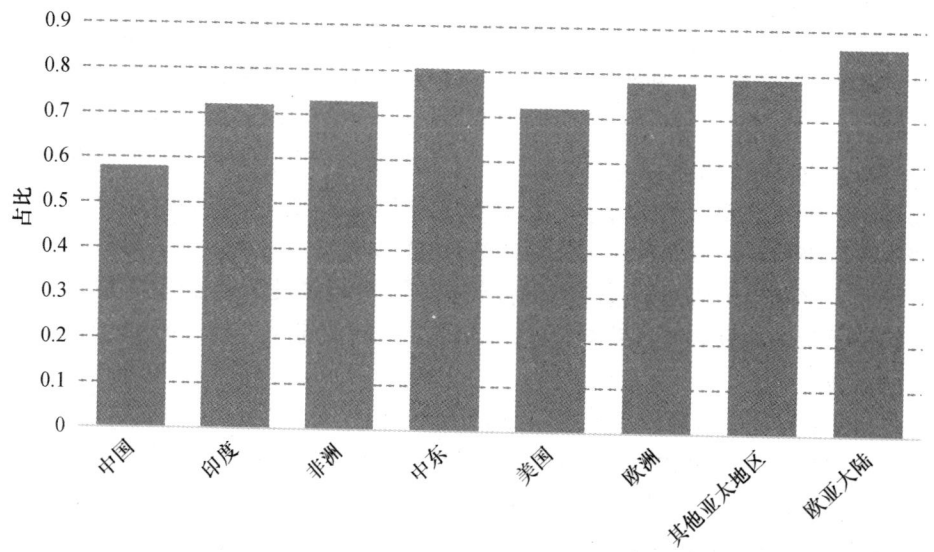

图1-15　全球典型区域水泥中熟料占比对比图[12]

2. 合理选用替代燃料

燃料燃烧排放约占熟料生产过程中总排放量的30%，化石燃料的燃烧是将已经固化于化石燃料中的碳加速返回大气环境中的过程，对温室效应影响巨大。因此合理选用替代燃料是有效降低熟料及水泥生产过程二氧化碳排放的技术手段之一。

据国际能源署（IEA）2014年统计数据，在世界各国及区域内，熟料生产消耗的燃料结构不尽相同，我国水泥行业燃料结构主要以燃煤为主，而欧洲地区生物质燃料与固体废物替代燃料的总量占比可超过30%。以2030年2DS目标计算，替代燃料份额比需达到目前的很多倍，其中我国须达到目前的62倍。因此现阶段，如何提升替代燃料使用占比，应是我国水泥行业技术层面减排的工作重点，同时也会是效果最明显的方式（图1-16）。

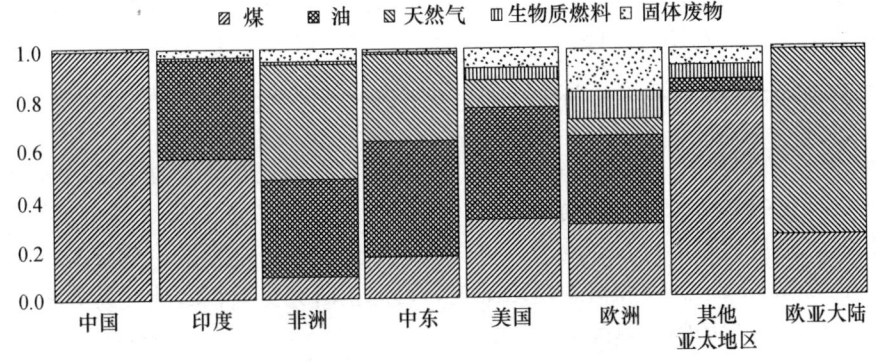

图1-16 全球典型区域水泥中替代燃料使用情况[12]

3. 提高能源效率

提高熟料生产过程各环节的能源利用效率，降低单位熟料能耗，从而降低生产过程二氧化碳排放量，是现阶段水泥企业最关注的减排手段，同时国家部委与行业协会出台了相关文件以推荐目前行业内高效的节能减排技术。从能源利用效率提升所采用的新型技术角度分析对比国内外行业情况，见表1-11。

表1-11 国内外能源效率提高路径对比

生产环节	国内	国外
熟料生产阶段	带分级燃烧的高效低阻预热器系统	采用带有分解炉、多级旋风预热器和多通道燃烧器的干法窑来煅烧水泥
	合理设计生料配比	采用矿化剂等改变原料性质，降低熟料的黏度和熔化温度
	富氧燃烧技术应用	富氧燃烧技术可节约能源
水泥生产阶段	水泥外循环立磨技术	使用高效粉磨技术使全球水泥电力消耗量降低
全生产阶段	新型球磨机直驱永磁同步电动机系统；《高耗能落后机电设备（产品）淘汰目录》《节能机电设备（产品）推荐目录》	通用设备加装变频电机等

从提高能源利用效率的先进熟料及水泥生产技术角度对比，目前我国水泥行业在经历了多年的发展之后已经从水泥大国逐渐转变成水泥强国，不乏诸多国际先进的生产技术已在国内有应用案例。

4. 碳捕集技术应用

根据全球碳捕集与封存研究院（GCCSI）的统计，目前全球范围共有CCUS项目超过400个，其中年捕集规模在40万t以上的大规模综合性项目有43个（含目前运行、在建和规划的项目），可以说碳捕集的应用已经初步形成规模。由于水泥生产工艺的特殊性，碳酸盐分解过程中势必会产生二氧化碳排放，因此若想实现水泥行业碳中和，碳捕集与封存技术几乎是必不可少的，但是目前限制其推广应用的仍然是成本的提升，据欧洲水泥协会推算，配备碳捕获技术的工厂的运营成本估计是传统水泥厂的两倍，同时压缩、运输、注射和储存也将产生额外费用。因此，碳捕集与封存技术在国内外水泥行业的推广均会是一个漫长的过程。

1.5.2　社会环境的打造

欧盟2020年发布的《欧盟气候公约》邀请普通大众、社区和组织参与气候行动，建设一个更绿色的欧洲。芬兰拉赫蒂市试行推出世界首个"个人碳交易市场"，通过手机应用程序，坚持低碳出行方式的用户可以得到巴士车票、电影票、健身卡或免费咖啡等优惠。我国碳达峰、碳中和概念提出不久，目前正研究工业领域碳交易方案，尚未达到建立个人碳交易市场的成熟度。

欧盟计划利用预算、欧洲投资银行集团及必要的私人和公共资源，重点支持影响最大的地区和部门，避免成员国掉队。

2 温室气体排放标准体系及量化方法

> 碳排放的科学量化是行业、企业响应"碳达峰、碳中和"的第一步。系数核算法及实测法是碳排放量化的两种主要方法。系数核算法通过活动数据和相应的排放因子来确定排放量,这也是目前国内外主流的标准化评估方法。实测法则是利用连续排放监测系统(CEMS)对固定源的碳排放浓度进行连续测量,适用于排放源相对固定且密集度高的行业。碳排放的核算可以基于企业组织边界或产品边界进行,水泥企业组织边界的碳排放核算目前已有较为成熟的标准并得到了广泛应用。产品碳足迹的核算则是基于生命周期评价的方法对于碳排放和吸收的汇总。本章对水泥企业组织边界碳排放的核算以及产品边界碳足迹的核算方法进行了介绍,系统梳理了国内外碳排放标准体系,分析对比了国内外水泥碳排放核算方法并通过案例对标准的应用进行了解析。

2.1 水泥行业碳排放测量方法概况

系数核算法及实测法是对碳排放量进行有效测量的两种主要方法。系数核算法通过活动数据和相应的排放因子来核算排放量,这也是目前国内外主流的标准化评估方法。世界资源研究所(WRI)和世界可持续发展工商理事会(WBCSD)主导的温室气体核算体系(GHG Protocol)是国际上较早发布的温室气体核算方法体系,其基于政府间气候变化专门委员会(IPCC)编制的《IPCC 国家温室气体清单指南》选取排放因子[19]。国际标准化组织(ISO)在参考上述文件的基础上发布了 ISO 14064 系列标准,覆盖核算、报告、审定、核查等一些列标准化文件。

2001 年 WBCSD 发布了第一版《水泥行业二氧化碳议定书》,给出了一套通用的水泥行业温室排放核算方法,此后陆续在 2005 年、2011 年进行了修订。国家发改委 2013 年发布的《中国水泥生产企业温室气体排放核算方法与报告指南(试行)》、国家标准委 2015 年发布的《温室气体排放核算与报告要求 第 8 部分:水泥生产企业》(GB/T 32151.8—2015)等文件均参考了 WBCSD 给出的核算方法并进行了相应改进。

实测法是利用 CEMS 对固定源的碳排放浓度进行连续测量,适用于排放源相对固定且密集度高的行业。"美国酸雨计划"(US EPA 1990)要求 2MW 以上的发电厂必须安装 CEMS 来监测报告 CO_2 排放量,2015 年美国有超过 70%的火电机组应用连续监测方法进行碳排放监测。

欧盟在 2003 年颁布的第 2003/87/EC 指令,明确了对温室气体实施全面管理的要求,是欧洲排放交易体系(EU ETS)建立的开端。针对该指令的《温室气体监测和报告指南》(2014/156/EC) 主要用于指导温室气体排放的监测和报告。《指南》针对不同行业的温室气体监测和报告方法均给出了明确规定。欧盟的第 2003/87 号指令在上报温室气体量的确定上将"基于计算的方法"与"基于监测的方法"放置于同等重要的地位。文件中欧盟主管部门对持续排放测量系统测定温室气体的过程及要求进行了具体阐述。欧盟目前使用连续监测方法的案例较少，2019 年只有 155 个设施（占总设施数的 1.5%），主要在德国、法国、捷克等，其余绝大多数设施仍采用核算方法确定温室气体排放量。

我国试点碳市场中，每个试点地区都有各自的核算和报告指南。尽管在北京市、上海市、广东省、深圳市和湖北省的指南中提到，允许使用连续监测的方法来确定温室气体排放量，且北京市要求连续监测方法的数据不确定性不能高于采用核算方法的计算结果，类似欧盟第一个碳排放权交易期的规定（EC 2004）；上海市要求根据连续监测方法量化的排放量应通过核算方法进行验证，类似欧盟和美国的规定。然而，这些指南对于如何应用连续监测方法缺乏详细的技术要求，如监测参数、监测要求、质量保证和质量控制措施等。虽然连续监测方法可以用于部分试点地区温室气体排放量的确定，但由于缺乏具体的监测和报告要求，导致实际上难以实施。因此，我国很少有企业采用 CEMS 直接监测碳排放量。

延伸阅读：二氧化碳实测法原理

水泥窑烟囱二氧化碳监测原理为非分散红外吸收原理，图 2-1 所示为某型号二氧化碳分析仪的主要结构及原理。

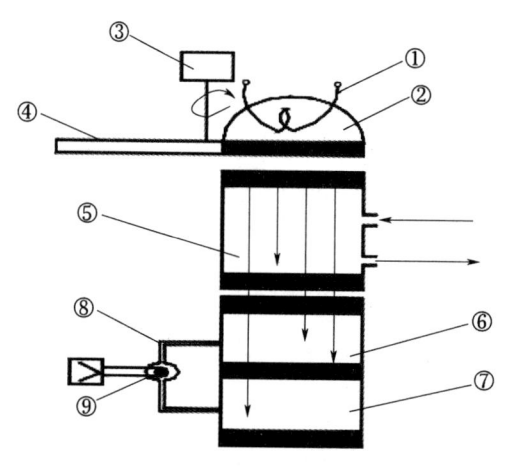

测量原理图

① 红外光源 ② 反射体 ③ 同步马达 ④ 切光器 ⑤ 样气室
⑥ 前吸收室 ⑦ 后吸收室 ⑧ 毛细管 ⑨ 微流量传感器

图 2-1 某型号红外线气体分析仪测量原理图

二氧化碳（CO_2）属于红外敏感气体，其测量原理基于 CO_2 气体分子具有特定的红外光吸收波段，采用单光束交变红外分析方法。

红外光束通过滤光片、样气室到达检测器,在样气室与红外光源之间有一个由同步马达带动的切光器,将红外光束变成交替的脉冲光源,如果样气室中有吸收,由微流量传感器产生脉冲电信号。

检测部分是由前后两个吸收室组成。吸收带中心部分在检测器前吸收室首先被吸收,而边缘部分则被后吸收室吸收。前后吸收室的吸收大致相同。前吸收室和后吸收室之间通过一个微流量传感器相连。

2.2 水泥企业组织边界的碳排放核算方法

2.2.1 碳排放核算标准

1. 《温室气体核算体系》(GHG Protocol)

《温室气体核算体系》(GHG Protocol)是由 WRI 和 WBCSD 共同主持并联合政、商界及众多组织参与的合作项目,创于 1998 年,旨在发展一套国际公认的温室气体核算和报告的标准及工具并推动其应用,从而实现全球范围内的低碳经济。迄今为止,已经针对不同的组织形式、不同部门的温室气体排放制定了相应的标准(表 2-1)。

表 2-1 温室气体核算体系

边界	议定书名称	发布年份	主要应用与目的
企业组织	企业核算与报告标准	2004	为公司和组织制定排放清单提供指导;定量和报告企业温室气体排放
	企业价值链(范围三)核算与报告标准	2011	使公司评估整个价值链的排放影响并识别最有效的减排方法;范围三包括了 15 个类别的排放活动
产品	产品生命周期核算与报告标准	2011	了解产品全生命周期内的排放量并聚焦于最大的减排机会;满足消费者对环境信息的需求
项目	项目议定书	2005	最全面与政策中立的核算工具,用于量化减排项目的效果
	土地利用、土地利用变化与林业	2006	对土地利用及其变化活动的温室气体排放效应进行量化和报告;与项目议定书并用
	并网发电项目	2007	对电力项目的温室气体减排提供核算与指南;与项目议定书并用
地区	社区规模温室气体排放清单	2014	帮助城市制定温室气体排放清单,包括设立基准清单与减排目标,并跟踪表现;通过标杆管理与聚集性分析进行评价
政策与目标	政策与行动标准	2014	为评估政策和行动的温室气体效应提供标准化方案;提高减排的有效性,引导资源投资达到最佳效果
	减排目标标准	2014	对国家和地区的减排进展提供标准化评估方法;同"政策与行动标准"一并使用

《温室气体核算体系:企业核算与报告标准》*The Greenhouse Gas Protocol: A Corporate Accounting and Report Standard*(以下简称《企业标准》)是这套体系中最有影

响力的标准之一。北美的气候登记处、ISO 14064-1 标准和英国政府颁布的自愿性报告指南都采用了《企业标准》。《企业标准》旨在帮助政府和企业理解、测量与管理温室气体排放。

为便于描述直接与间接排放源，提高透明度，以及为不同类型的机构和不同类型的气候政策与商业目标服务，《企业标准》针对温室气体核算与报告设定了三个"范围"，即范围一、范围二和范围三（表2-2、图2-2）。

表 2-2　范围一、范围二、范围三定义及举例

排放类型	范围	定义	举例
直接排放	范围一	由核算企业直接控制或拥有的排放源所产生的排放	企业拥有或控制的锅炉燃煤排放、车辆燃油排放和工艺过程排放
能源间接排放	范围二	核算企业自用的外购电力、蒸汽、供暖和供冷等产生的间接排放	外购的电力、热水、蒸汽和冷气
其他间接排放	范围三	核算企业除范围二之外的所有间接排放，包括价值链上游和下游的排放	购买原材料的生产排放、售出产品的使用排放等

2. ISO 14064 系列标准

2006 年，国际标准化组织（ISO）发布了 ISO 14064 标准。ISO 14064 包含 3 个标准，详细规定了温室气体资料和数据管理、汇报和验证模式。此外，ISO 14065、ISO 14066、ISO 14067 等标准分别规定了核查机构、核查组以及碳足迹（CFP）项目的相关内容。通过使用标准化的方法，计算和验证排放量数值，确保 1t CO_2 的测量方式在全球任何地方都是一样的（图2-3）。

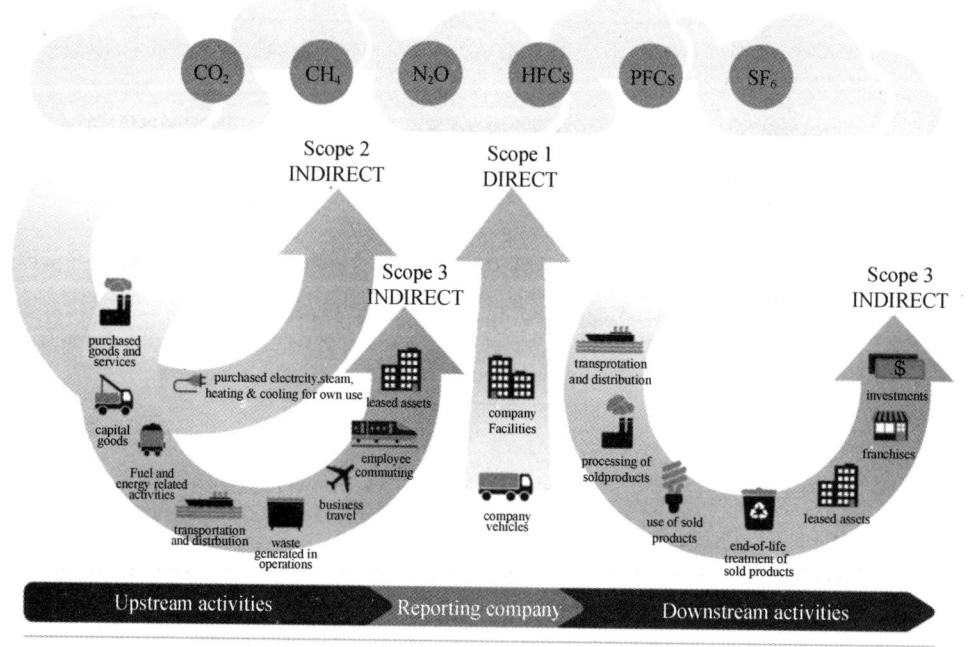

图 2-2　范围一、范围二、范围三排放[20]

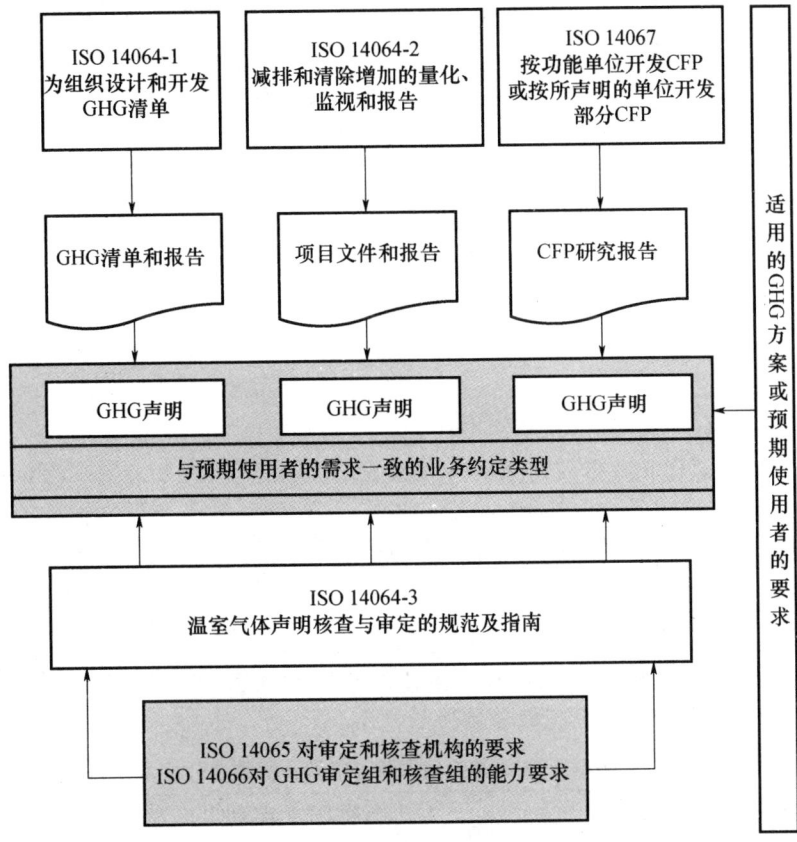

图 2-3 ISO 14064 与相关标准关系[21]

ISO14064-1 是 ISO 发布的第一项企业温室气体核算标准,于 2006 年发布,是系列标准的第一部分。标准确立了"组织边界"的确定原则与方法,即基于设施的 GHG 源和汇量化进行累加的方法,也确立了以"运营边界"进行划分的"直接排放""能源间接排放"和"其他间接排放"的范围及相关要求,并在此基础上形成了对温室气体清单组成的基本要求,即必须核算并报告"直接排放""能源间接排放",而可选择地报告"其他间接排放"。这些基本原则、方法与要求,构成了组织温室气体核算的基本框架,不但与国际上其他核算体系的方法相协调,而且为全球众多国家开发自己国家的企业温室气体核算方法标准所采纳或借鉴,进而成为碳排放报告、碳交易等诸多机制的核算框架基础。对比 WRI 发布的《温室气体核算体系:企业核算与报告标准》的排放分类,直接排放是范围一、能源间接排放是范围二、其他间接排放是范围三。

延伸阅读:ISO 14064 系列标准

- 《温室气体 第一部分:组织层次上对温室气体排放和清除的量化和报告的规范及指南》*Greenhouse gases—Part 1: Specification with guidance at the organization level for quantification and reporting of greenhouse gas emissions and removals*,ISO 14064-1 规定了组织层次上对 GHG 排放进行量化和报告的原则和要求;

- 《温室气体 第二部分：项目层面对温室气体减排和清除增加的量化、监测和报告规范及指南》(Greenhouse gases —Part 2: Specification with guidance at the project level for quantification, monitoring and reporting of greenhouse gas emission reductions or removal enhancements, ISO 14064-2) 针对 GHG 项目排放的基准线确定以及监测、量化和报告规定了详细的原则和要求；
- 《温室气体 第三部分：温室气体声明审定与核查的规范及指南》(Greenhouse gases —Part 3: Specification with guidance for the verification and validation of greenhouse gas statements, ISO 14064-3) 详细规定了对 GHG 声明（与 GHG 清单、GHG 项目和产品碳足迹相关）的核查的要求。

3. 《水泥行业二氧化碳减排议定书》

《水泥行业二氧化碳减排议定书》Cement Sustainability Initiative: CO_2 Accounting and Reporting Standard for the Cement Industry 是 2001 年由参与 WBCSD 水泥可持续性倡议行动（CSI）的各家公司达成的计算和报告二氧化碳的协议。《水泥行业二氧化碳减排议定书》面向水泥生产企业，在 WRI 三个范围的基础上，对直接排放和间接排放进行了更详细的分类（表2-3），运营边界涵盖水泥生产过程中的所有二氧化碳直接排放和主要间接排放，包括绝对排放量和单位排放量，并提供一份指导文件和一份电子表格，旨在帮助水泥企业编制其二氧化碳排放清单。

表 2-3 水泥温室气体核算运营边界的划分

WRI/ISO	《水泥行业二氧化碳减排议定书》	
范围一/直接排放	工艺排放	原料煅烧产生的 CO_2
		粉尘煅烧
		原料中有机碳
		传统水泥窑燃料燃烧
		非水泥窑燃料燃烧（包括原料烘干、室内供暖/制冷等）
		水泥窑替代化石燃料
		水泥窑生物质燃料（不计入排放总量）
		废水中的碳（无须报告）
	移动燃烧排放源	非水泥窑燃料燃烧（包括自有车辆的运输）
	非 CO_2 GHG 排放	非 CO_2 GHG 排放（选择报告）
范围二/能源间接排放		外购电力
范围三/其他间接排放		外购熟料
		第三方传统/替代燃料的生产和加工（无须报告）
		第三方的输入和输出运输（无须报告）

2.2.2 国内外水泥企业碳排放核算方法的异同

1. 碳排放运营边界

运营边界指 CO_2 排放源类型的区分，主要分为直接排放和间接排放。运营边界与范围是水泥生产碳排放的测算的基本原则和基础，是构筑水泥碳排放测算的基本框架。

除了 IPCC 只计算水泥生产熟料煅烧过程中产生的 CO_2 以外，其他国家和组织对水泥 CO_2 的分类大致包含在 CSI 的分类中，根据面向对象的不同或者实际情况选择报告选项。

面向国家的计算标准，为避免重复计算，一般不涉及范围三的间接排放，例如美国环保署《"气候领导人合作计划"温室气体议定书》、欧盟排放交易系统《温室气体监测和报告指南》和日本《温室气体排放量计算指引》。而面向企业的则对直接排放和间接排放进行全面的计算，并根据实际情况来选择，如日本由于水泥生产中水泥窑粉尘量非常少，对粉尘煅烧不进行计算，对非水泥窑燃料的计算则只包括现场发电和干燥。

目前国内水泥行业对温室气体核算方法大致延续了 WBCSD 给出的议定书中相关内容以及 ISO 系列标准的方法学理论。对排放类型分为直接排放和间接排放两类，基本不适用"范围"的概念，核算方法中也较少涉及"范围三"的相关指标。表 2-4 列举了国内外几项开展比较普遍的减碳评估活动的核算范围。可以看出，国内碳核查等工作均不考虑范围三的排放，范围三下游价值链的排放目前则尚没有相关标准进行规定。

表 2-4　温室气体减排评估活动设定的核算范围

范围	水泥生产企业碳排放源	A	B	C	D
范围一	化石燃料燃烧产生的排放	√	√	√	√
	替代燃料和协同处置废物中非生物质碳燃烧产生的排放	×	√	×	√
	熟料对应的碳酸盐分解排放	√	√	√	√
	窑炉排气筒（窑头）粉尘对应的排放	×	√	×	√
	旁路放风粉尘对应的排放	×	√	×	√
	生料中非燃料碳煅烧产生的排放	×	√	×	√
范围二	外购电力所产生的碳排放	√	√	√	√
范围三	原材料（生料、熟料、混合材）获取产生的碳排放	×	×	×	√
	能源（原煤、原油、汽油、燃料油等）的开采及生产过程产生的碳排放	×	×	×	×
	原材料、能源运输过程产生的碳排放	×	×	×	×
	水泥产品等运输过程产生的碳排放	×	×	×	×
	水泥产品使用、废弃过程的碳排放	×	×	×	×

A.《温室气体排放核算与报告要求　第 8 部分：水泥生产企业》（GB/T 32151.8—2015）；
B.《中国水泥生产行业温室气体排放核算方法与报告指南（试行）》；
C. 水泥生产企业温室气体排放报告补充数据表；
D.《水泥行业二氧化碳和能源议定书》（WBCSD 第三版）

核算方法是支撑"碳达峰、碳中和"的基础，只有保持一致的核算方法与核算范围，遵守同样的"游戏规则"，才能对国内外同类型行业、企业的排放量进行对比，相应数据才具有实际意义。本报告所引用的 2020 年水泥行业碳排放总量 13.6 亿 t 主要为运营边界内范围一、范围二的排放总量，未涉及范围三排放量。

参考 ISO 14064 以及 WRI、CSI 给出的碳排放核算范围，结合现阶段我国水泥行业排放核算方法以及发展现状，将我国水泥工业的碳排放也划分为可对比的三个范围，以方便将我国的核算方法体系与国外方法体系进行同一尺度下的比较（表 2-5）。

表 2-5 水泥工业的碳排放范围划分

范围		排放源
范围一	a	化石燃料燃烧产生的排放
	b	生料煅烧碳酸盐分解产生的排放；生料中非燃料碳煅烧产生的排放
范围二		外购电力所产生的碳排放
范围三		原材料（生料）获取产生的碳排放；能源（原煤、原油、电力、汽油、燃料油等）的开采及生产过程产生的碳排放；原材料、利废原料、能源、水泥产品等运输过程产生的碳排放

我们以从生料粉磨到水泥出厂这一过程作为运营边界来看，其全生命周期尺度范围一化石燃料燃烧排放量（a）强度占比约 27%，范围一碳酸盐分解及非燃料碳煅烧排放量（b）强度占比约 51%，范围二排放量强度占比约 6%，范围三排放量强度占比约 16%，如图 2-4 所示。

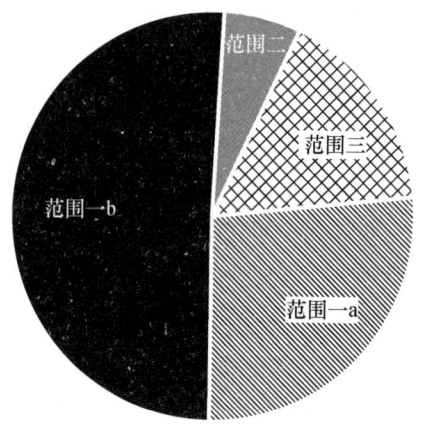

图 2-4 现阶段水泥工业范围一、范围二、范围三的排放量占比

需要予以说明的是，由于熟料生产是碳排放的最主要来源，很多统计口径也习惯于以熟料作为统计边界。相比以水泥作为运营边界，当将熟料生产作为运营边界时，范围二和范围三的排放来源会产生相应变化，水泥粉磨阶段消耗电力产生的间接排放统计将从范围二排放变为范围三排放。

2. 生产工艺过程碳排放的计算

工艺过程排放即生料中的碳酸盐和小部分有机碳在高温煅烧处理过程中释放 CO_2，此外，水泥窑粉尘和旁路粉尘的煅烧也视为 CO_2 相关排放源。

碳酸盐的煅烧基本可以用两种方式计算，即生料法和熟料法。生料法是基于消耗的生料和以生料中碳酸盐含量为基础的排放系数，而熟料法是基于熟料产量，以 CaO 和 MgO 物料平衡为基础的现场特定排放系数，两种方法在理论上是等同的。IPCC《2006

年国家温室气体清单指南》(2019修订版) 中提出，多数报告以熟料法为重点，生料法在美国和日本应用比较多（表2-6）。

表2-6 二氧化碳工艺排放计算方法比较

方法		所需参数	代表国家或组织
生料法	碳酸盐法	消耗的生料	IPCC《2006国家温室气体清单指南》(2019修订版)、欧盟温室气体排放交易系统监测指南
		生料中碳酸盐种类、含量和煅烧比例	
		特定碳酸盐的排放系数	
	碳酸盐法（无法获得生料数据）	生产的水泥	美国环保署"气候领导人合作计划"温室气体议定书、WRI《温室气体议定书》
		熟料/水泥比	
		生料/熟料比	
		生料中碳酸盐种类、含量和煅烧比例	
		特定碳酸盐的排放系数	
	石灰石法	消耗的石灰石	日本温室气体排放量计算指引
		每吨石灰石产生的现场特定排放系数（默认值为每吨石灰石417kg CO_2)	
	优点：能准确计算CO_2排放量		
	缺点：必须在工厂级别获得数据，需完全计算生料中碳酸盐的种类、含量和煅烧比例，工作量大，成本高		
	优良做法：根据碳酸盐给料分析开发严格的特定工厂级排放系数，并将其应用于熟料生产，以熟料生产数据用作碳酸盐计算的替代资料，以估算排放		
熟料法	可获得熟料数据	生产的熟料	IPCC《2006国家温室气体清单指南》(2019修订版)、CSI《水泥行业二氧化碳减排议定书》
		熟料中CaO和MgO含量	
		以CaO和MgO物料平衡为基础的现场特定排放系数	
	无法获得熟料数据	生产的水泥	IPCC《2006国家温室气体清单指南》(2019修订版)
		熟料/水泥比	
		熟料进出口量	
		特定水泥中熟料的排放系数	
	优点：可以通过熟料数据和国家或缺省排放系数来计算		
	缺点：生料中有非碳酸盐类的CaO和MgO组分，影响测定结果的准确性		
	优良作法：收集生料中CaO和MgO的比例，不纳入熟料的CaO和MgO含量中用于计算排放		

生料法和熟料法都是基于物料平衡，可根据工厂实测数据来决定。对于企业来说，若生料中的碳酸盐种类、含量、煅烧比例等能够获得，则生料法相对于熟料法更准确。但熟料法操作更容易一些，熟料数据也更容易获得，要做国家标准的排放系数，用修正后的熟料法比较合适。

3. 碳氧化率数据

碳氧化率受燃料成分、锅炉类型、燃烧温度、燃烧设备的操作水平等多种因素影响,是计算CO_2排放量的关键参数,各计算标准中对燃料燃烧碳氧化率的处理有所不同。总体上欧洲水泥协会以及CSI给出的碳氧化率为100%,比中国和IPCC等给出的98%偏高2%(表2-7)。

表2-7 国内外化石燃料碳氧化率数据对比

燃料种类	IPCC	WRI	中国	欧洲水泥协会	CSI
煤	98	91.0~100	98	100	100
石油和石油产品	99	97.5~100	99	100	100
气(包括天然气、生物气体以及其他气态燃料)	99.5	99.0~100	99.5	100	100

4. 小结

各国通过核算方法测算的碳排放量可比性较差,企业在与国外水泥二氧化碳排放对比时,首先应注意核算边界的选取问题,此外还应注意过程排放的计算方法是否相同。我国与欧洲水泥协会以及美国的水泥碳排放计算方法原理相同,但是核算范围可能存在差异,比如企业自有矿山开采电力的间接排放是否纳入范围二排放的界定。另外,对于范围三排放,企业可根据企业实际情况自行选择报告内容。

2.2.3 水泥企业碳排放核算标准的应用

1. 主要标准

在参考借鉴国际组织层面温室气体核算方法的基础上,结合我国水泥生产企业实际情况,国家发展改革委于2013年发布了《中国水泥生产企业温室气体排放核算方法与报告指南(试行)》(下文简称《指南》),这也是目前生态环境主管部门开展碳核查的重要依据。此外,国家标准化委员会2015年发布《温室气体排放核算与报告要求 第8部分:水泥生产企业》(GB/T 32151.8—2015),也对水泥生产企业温室气体排放的核算边界、核算方法以及数据质量等做出了规定。

2. 核算边界

《指南》是以水泥生产为主营业务的独立法人企业或视同法人单位为边界,核算和报告边界内所有生产设施产生的温室气体排放。

生产设施范围包括直接生产系统、辅助生产系统,以及直接为生产服务的附属生产系统,其中辅助生产系统包括动力、供电、供水、检验、机修、库房、运输等,附属生产系统包括生产指挥系统(厂部)和厂区内为生产服务的部门和单位(如职工食堂、车间浴室、保健站等)。

文件中水泥生产企业核算边界内的关键排放源包括:

· 化石燃料的燃烧,水泥窑中使用的实物煤、热处理和运输等设备使用的燃油等产生的排放。

· 替代燃料和协同处置的废弃物中非生物质碳的燃烧,废轮胎、废油和废塑料等替代燃料、污水污泥等废弃物里所含有的非生物质碳的燃烧产生的排放。

· 原料碳酸盐分解,水泥生产过程中,原材料碳酸盐分解产生的CO_2排放,包括熟料对应的碳酸盐分解排放、窑炉排气筒（窑头）粉尘对应的排放和旁路放风粉尘对应的排放。

• 生料中非燃料碳煅烧，生料中采用的配料，如钢渣、煤矸石、高碳粉煤灰等，含有可燃的非燃料碳，这些碳在生料高温煅烧过程中都转化为CO_2。

• 购入使用的电力和热力，水泥企业净购入使用的电力和热力（如蒸汽）对应的电力和热力生产活动的CO_2排放。

• 其他产品生产的排放，如果水泥生产企业还生产其他产品，且生产活动存在温室气体排放，则这些产品的生产活动应纳入企业温室气体排放核算。

GB/T 32151.8的核算边界与《指南》一致，以企业法人或视同法人的独立核算单位为边界，核算的关键排放源包括：化石燃料燃烧排放、过程排放、净购入电力和热力产生的排放。

为了保证碳交易市场能够统一核算方法与边界，主管部门针对参与碳交易的水泥企业设计了"补充数据表"，其中纳入碳交易核算范围的包括水泥熟料工段的CO_2排放，核算的关键排放源包括：化石燃料的燃烧（不包括替代燃料和协同处置的废弃物中非生物质碳的燃烧和生料中非燃料碳煅烧）、碳酸盐分解（不包括水泥窑粉尘和旁路粉尘的煅烧）、净购入使用的电力和热力。

3. 温室气体排放量的核算

以《中国水泥生产企业温度气体排放核算方法与报告指南（试行）》为例，水泥生产企业的CO_2排放总量等于企业边界内所有的燃料燃烧排放量、工业生产过程排放量及企业净购入使用电力和热力对应的CO_2排放量之和，计算方法如式（2-1）：

$$E_{CO_2} = E_{燃烧} + E_{过程} + E_{电和热} \\ = E_{燃烧1} + E_{燃烧2} + E_{过程1} + E_{过程2} + E_{电和热} \tag{2-1}$$

式中 E_{CO_2}——企业CO_2排放总量，单位为吨（tCO_2）；

$E_{燃烧}$——企业所消耗的燃料燃烧活动产生的CO_2排放量，单位为tCO_2；

$E_{燃烧1}$——企业所消耗的化石燃料燃烧活动产生的CO_2排放量，单位为tCO_2；

$E_{燃烧2}$——企业所消耗的替代燃料或废弃物燃烧活动产生的CO_2排放量，单位为tCO_2；

$E_{过程}$——企业在工业生产过程中产生的CO_2排放量，单位为tCO_2；

$E_{过程1}$——企业在生产过程中原料碳酸盐分解产生的CO_2排放量，单位为tCO_2；

$E_{过程2}$——企业在生产过程中生料中的非燃料碳煅烧产生的CO_2排放量，单位为tCO_2；

$E_{电和热}$——企业净购入的电力和热力所对应的的CO_2排放量，单位为tCO_2。

水泥企业化石燃料燃烧排放的核算方法如式（2-2）：

$$E_{燃烧} = \sum_{i=1}^{n}(AD_i \times EF_i) \tag{2-2}$$

式中 $E_{燃烧}$——核算和报告期内消耗的化石燃料燃烧的CO_2排放量，单位为tCO_2；

AD_i——核算和报告期内消耗的第i种化石燃料的活动水平，单位为GJ；

EF_i——第i种化石燃料的二氧化碳排放因子，单位为tCO_2/GJ；

i——化石燃料的种类。

核算和报告期内第 i 种化石燃料的活动水平 AD_i 按式（2-3）计算：

$$AD_i = NCV_i \times FC_i \tag{2-3}$$

式中 NCV_i——核算和报告期内第 i 种化石燃料的平均低位发热值，对固体或液体燃料，单位为 GJ/t；

　　　FC_i——核算和报告期内第 i 种化石燃料的净消耗量，对固体或液体燃料，单位为 t。

化石燃料的二氧化碳排放因子按式（2-4）计算：

$$EF_i = CC_i \times OF_i \times 44/12 \tag{2-4}$$

式中 CC_i——第 i 种化石燃料的单位热值含碳量，单位为 tC/GJ；

　　　OF_i——第 i 种化石燃料的碳氧化率，单位为%。

涉及替代燃料或废弃物中非生物质碳的燃烧的，替代燃料或废弃物中非生物质碳的燃烧排放对应的 CO_2 排放量按式（2-5）计算：

$$E_{燃烧2} = \sum_i Q_i \times HV_i \times EF_i \times \alpha_j \tag{2-5}$$

式中 $E_{燃烧2}$——核算和报告年度内替代燃料或废弃物中非生物质碳燃烧产生的 CO_2 排放量，单位为 tCO_2；

　　　Q_i——各种替代燃料或废弃物的用量，单位为 t；

　　　HV_i——各种替代燃料或废弃物的加权平均低位发热量，单位为 GJ/t；

　　　EF_i——各种替代燃料或废弃物燃烧的 CO_2 排放因子，单位为 tCO_2/GJ；

　　　α_j——各种替代燃料或废弃物中非生物质碳的含量，单位为%；

　　　j——表示替代燃料或废弃物的种类。

📖 **典型案例：某水泥企业化石燃料燃烧碳排放量的计算**

经统计，某水泥企业 2021 年消耗烟煤 152359.53t，消耗柴油 274.65t；烟煤平均低位发热量经测定为 24.091GJ/t，柴油平均低位发热量采用缺省值 42.652GJ/t；烟煤单位热值含碳量 0.02618tC/GJ，碳氧化率 98%，柴油单位热值含碳量 0.02020tC/GJ，碳氧化率 99%。该水泥企业化石燃料排放计算如下：

$AD_{烟煤} = 152359.53\ t \times 24.091GJ/t = 3670493.44GJ$

$AD_{柴油} = 274.65\ t \times 42.652GJ/t = 11714.37GJ$

$EF_{烟煤} = 0.02618\ tC/GJ \times 98\% \times 44/12 = 0.09407tCO_2/GJ$

$EF_{柴油} = 0.02020\ tC/GJ \times 99\% \times 44/12 = 0.07333tCO_2/GJ$

$E_{燃烧} = AD_{烟煤} \times EF_{烟煤} + AD_{柴油} \times EF_{柴油} = 346155.010t\ CO_2$

原料碳酸盐分解产生的 CO_2 排放量包括三部分：熟料对应的 CO_2 排放量；窑炉排气筒（窑头）粉尘对应的 CO_2 排放量；旁路放风粉尘对应的 CO_2 排放量。原料碳酸盐分解产生的 CO_2 排放量，可按式（2-6）计算：

$$E_{工艺1} = \sum_i Q_i + Q_{ckd} + Q_{bpd} \times \left[(FR_1 - FR_{10}) \times \frac{44}{56} + (FR_2 - FR_{20}) \times \frac{44}{40}\right] \tag{2-6}$$

式中 $E_{工艺1}$——核算和报告期内，原料碳酸盐分解产生的 CO_2 排放量，单位为 tCO_2；

Q_i——生产的水泥熟料产量,单位为t;

Q_{ckd}——窑炉排气筒(窑头)粉尘的质量,单位为t;

Q_{bpd}——窑炉旁路放风粉尘的质量,单位为t;

FR_1——熟料中氧化钙(CaO)的含量,单位为%;

FR_{10}——熟料中不是来源于碳酸盐分解的氧化钙(CaO)的含量,单位为%;

FR_2——熟料中氧化镁(MgO)的含量,单位为%;

FR_{20}——熟料中不是来源于碳酸盐分解的氧化镁(MgO)的含量,单位为%;

$\dfrac{44}{56}$——二氧化碳与氧化钙之间的分子量换算;

$\dfrac{44}{40}$——二氧化碳与氧化镁之间的分子量换算。

典型案例:某水泥企业工艺过程碳酸盐分解碳排放量的计算

某水泥企业没有使用替代燃料或协同处置的废弃物中非生物质碳的燃烧。水泥熟料产量1329147.82t,通过污染物在线监测系统数据显示窑炉排气筒(窑头)粉尘质量为4.72t。熟料中氧化钙(CaO)的含量为62.17%,熟料中不是来源于碳酸盐分解的氧化钙(CaO)的含量为4.49%,熟料中氧化镁(MgO)的含量为5.09%,熟料中不是来源于碳酸盐分解的氧化镁(MgO)的含量为1.20%。该水泥企业工艺过程碳酸盐分解碳排放量计算如下:

$$E_{工艺1} = (1329147.82t + 4.72t) \times [(62.17\% - 4.49\%) \times 44/56 +$$
$$(5.90\% - 1.20\%) \times 44/40]$$
$$= 671089.17 \ tCO_2$$

生料中非燃料碳煅烧的排放按式(2-7)计算:

$$E_{工艺2} = Q \times FR_0 \times \dfrac{44}{12} \tag{2-7}$$

式中 $E_{工艺2}$——核算和报告期内生料中非燃料碳煅烧产生的CO_2排放量,单位为tCO_2;

Q——生料的数量,单位为t;

FR_0——生料中非燃料碳含量,单位为%;

$\dfrac{44}{12}$——二氧化碳与碳的数量换算。

典型案例:某水泥企业生料中非燃料碳煅烧碳排放量的计算

某水泥企业生料使用量为1978312.07t,企业生料中没有采用煤矸石、高碳粉煤灰等配料,生料中非燃料碳含量为0.1%。该水泥企业生料中非燃料碳煅烧碳排放量计算如下:

$$E_{工艺2} = 1978312.07t \times 0.1\% \times \dfrac{44}{12} = 7253.81 \ tCO_2$$

净购入使用电力和热力产生的排放采用式（2-8）的核算方法：

$$E_{电和热} = AD_{电力} \times EF_{电力} + AD_{热力} \times EF_{热力} \tag{2-8}$$

式中　$E_{电和热}$——净购入使用的电力、热力所对应的生产活动的 CO_2 排放量，单位为 tCO_2；

　　　$AD_{电力}$、$AD_{热力}$——核算和报告期内净购入电量和热力量（如蒸汽），单位为兆 $MW \cdot h$ 和 GJ；

　　　$EF_{电力}$、$EF_{热力}$——电力和热力（如蒸汽）的 CO_2 排放因子，单位分别为 $tCO_2/MW \cdot h$ 和 tCO_2/GJ。

📖 **典型案例**：某水泥企业净购入电力热力产生的碳排放量的计算

某水泥企业净购入电力为 97247.24MW·h，无外购热力。企业所在地电力排放因子取值为 $0.8843tCO_2/MW \cdot h$。该水泥企业净购入电力热力产生的碳排放量计算如下：

$$E_{电和热} = 97247.24MW \cdot h \times 0.8843tCO_2/MW \cdot h = 85995.74tCO_2$$

2.3　水泥产品边界的碳足迹核算方法

2.3.1　碳足迹的理论背景

产品碳足迹是在一个生产系统中，基于生命周期评价的方法对于温室气体排放和吸收的汇总，即某个产品在其从原材料一直到生产（或提供服务）、使用和处置/再生利用等所有阶段的温室气体排放，其范畴包括二氧化碳（CO_2）、甲烷（CH_4）和氮氧化物（N_2O）等温室气体，利用二氧化碳当量的形式来表述。碳足迹可以视为产品生命周期的一部分。《环境管理　生命周期评价　原则与框架》（GB/T 24040—2008）给出了生命周期评价的框架，包括目的和范围的确定、生命周期清单分析、生命周期影响评价阶段以及生命周期解释，其中产品碳足迹分析过程可不包含生命周期解释（图 2-5）。

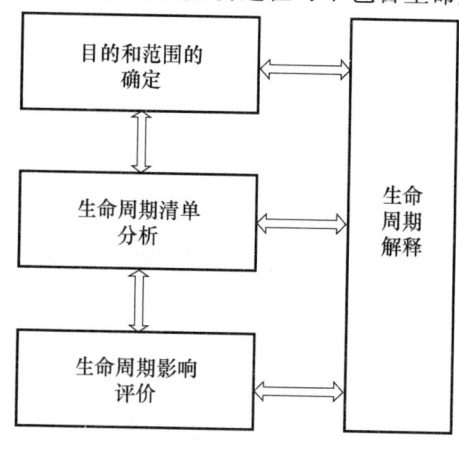

图 2-5　生命周期评价流程图

由中国建筑材料工业联合会于2018年发布的《产品生命周期评价技术规范 水泥》（T/CBMF 29—2018）标准是国内目前针对水泥产品生命周期评价的主要标准之一。以产品为研究对象，其全生命周期主要包括原料与能源获取阶段、原燃材料运输阶段、水泥生产阶段、产品运输阶段、产品使用阶段、产品生命末期阶段。

在实际应用过程中，很多企业会将碳足迹与企业边界碳核查相互混淆。碳足迹与碳核查虽然均为表达温室气体排放的方式，但从方法与内容、工作流程、数据及来源、计算、报告编制等方面均存在差异。对于企业而言，确定碳足迹是明确范围一、范围二、范围三排放基准线的第一步。

水泥产品的碳足迹与企业边界的碳排放是有重合的。2.2.1中所提到的《温室气体核算体系》中的《企业标准》针对温室气体核算与报告设定的三个范围以法人边界为基础对企业自身及上下游产业链的碳排放进行了规定。范围一与范围二基本上已有现行的碳排放核算标准体系覆盖，现行的温室气体核算、核查等能够相对准确地给出这两个范围的排放量情况。而范围三由于数据获取的难度更大，很难以现有核算、核查方法对其进行量化，碳足迹量化方法则提供了最佳的工具。

2.3.2 碳足迹核算标准

目前包括BSI、ISO、WRI等组织发布了多种产品碳足迹量化的规范与标准。其中以BSI发布的《商品和服务在生命周期内的温室气体排放评价规范》（PAS 2050）以及国际标准化组织（ISO）发布的《温室气体—产品碳足迹—量化要求和指南》（ISO 14067）影响力最大。PAS 2050是全球范围内最早的碳足迹方法标准，其基于产品生命周期评价方法提出。对于面向消费者的B2C产品和面向下游制造商的B2B产品，标准中提出"摇篮到大门"和"摇篮到坟墓"两种评价方法。水泥作为典型的过程产品，通常采用"摇篮到大门"的碳足迹核算方法，如图2-6所示，也即仅考虑原材料与能源获取阶段和产品生产阶段的碳足迹。

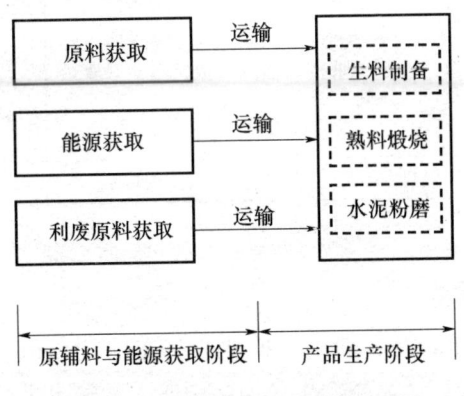

图2-6 水泥产品碳足迹系统边界图

以现有的ISO 14000系列和PAS 2050等标准为基础，BSI于2010年进一步推出了PAS 2060《碳中和证明规范》（Specification for the demonstration of carbon neutrality），并于2014年进行了修订。PAS 2060规定了碳中和承诺的基本步骤、碳中和承诺声明须包含的内容、达成温室气体减排量、抵换剩余排放量、碳中和达声明等方面的内容。

2.3.3 水泥产品的碳足迹核算

1. 目的和范围的确定

目的与范围的确定是生命周期评价中的第一步,也是至为重要的一步,其重要性在于它决定为何要进行某项生命周期评价(包括对其结果的应用意图),并表述所要研究的系统和数据类型。研究的目的、范围和应用意图涉及研究的地域广度、时间跨度和所需数据的质量等因素,它们将影响研究的方向和深度。此外,功能单位的确定和系统边界的划分是确定目的和范围中较为重要的环节。功能单位是用来作为基准单位的量化的产品系统性能;系统边界即纳入需要评价的模型化系统中的单元过程。

对于水泥产品而言,产品碳足迹的目的即为评价/声明生产某种水泥产品温室气体排放足迹。将功能单位(functional unit,F.U.)定义为生产1t水泥熟料或水泥产品,系统边界包括原料与能源获取阶段、运输阶段和水泥生产阶段。

典型案例:不同研究目的所确定的范围

某水泥企业2021年度生产产品包含通用硅酸盐水泥熟料和M32.5、P·C 42.5、P·O 42.5、P·O52.5R水泥,其生产范围从矿山开采、原料粉磨、熟料烧成、水泥粉磨到产品出厂。考虑到产品种类的繁多,可分不同角度进行产品碳足迹分析,研究目的可分为:研究熟料产品的碳足迹结果,分析水泥产品碳足迹结果,对比分析不同强度等级水泥产品碳足迹结果。见表2-8,根据这些不同的目的应进行不同的范围确定。

表2-8 研究目的与范围的确定

范围确定	研究目的		
	研究熟料产品碳足迹	分析水泥产品碳足迹	对比不同强度等级水泥产品碳足迹
系统边界	从熟料原材料获取、能源获取、运输(原燃料厂外及厂内)到熟料生产	从水泥原材料获取、能源获取、运输(原燃料厂外及厂内)到水泥生产	从某强度等级水泥原材料获取、能源获取、运输(原燃料厂外及厂内)到某强度等级水泥生产
功能单位	生产1t熟料产品	生产1t水泥产品	生产1tP·O42.5水泥产品

2. 清单分析

《环境管理 生命周期评价 原则与框架》(GB/T 24040—2008)将清单分析定义为生命周期评价中对所研究产品整个生命周期中输入和输出进行汇编和量化的阶段,即收集产品系统中定量或定性的输入输出数据,计算并量化的过程。输入和输出可包括与该系统有关的对资源的使用,以及向空气、水体和土地的排放。清单分析通常包括原材料的开采,中间产品的制造、加工、分配、运输、利用、维护过程,以及最后的产品处置。

清单分析的数据来源包括背景数据和现场数据两部分。背景数据指企业运营边界外与产品生产相关的原材料获取、运输、能源生产等过程的资源、能源消耗与污染物排放数据,这部分数据较难从企业直接获取。背景数据的获取依赖于各种生命周期基础清单数据库。现场数据包括生产过程的原材料消耗、能源消耗、污染物排放以及运输数据(运输方式、距离、运输量)等。现场数据采集通常基于对企业的现场调研,在特定的数据统计时间周期内,数据来源包括企业生产报表、采购合同(用于计算原材料运输距离)、碳核查报告(化石燃料燃烧排放量+碳酸盐分解排放量)、在线监控数据以及缺省热值(取自中国能源统计年鉴)与排放因子(取自IPCC报告等)等。

典型案例:数据收集与清单分析

某水泥企业生产通用硅酸盐水泥熟料以及多种水泥产品(以 P·C32.5 为例),对企业进行调研后,其现场填报数据见表2-9。

表2-9 数据填报表

数据统计周期	2020年1—12月					
生产线规模	1条5000t/d的新型干法水泥生产线,带有余热发电:7.5MW					
主要产品	熟料;水泥(P·C 32.5、P·F 32.5R、P·O 42.5)					
产品产量	熟料:1192712.36t; P·C 32.5:30699.93t P·F 32.5R:175722.45t P·O 42.5:1193593.55t					
	种类	消耗量(t)	获取方式	运输方式	运输距离(km)	数据来源
原料输入- 熟料生产工段	石灰石	1476104.59	自产	皮带运输	—	生产报表
	黏土	222630.54	外购	柴油车	10	
	石膏	95895.83	外购	柴油车	6	
	砂岩	22381.10	外购	柴油车	40	
	粉煤灰	58263.5	外购	柴油车	20	
	煤矸石	992	外购	柴油车	50	
	高炉渣	58153.61	外购	柴油车	450	
原料输入-水泥 生产工段 (P·C 32.5)	熟料	18511.85	自产	—	—	
	粉煤灰	3044.21	外购	柴油车	50	
	矿渣	1125.83	外购	柴油车	150	
	种类	消耗情况				来源
能源消耗	电(kW·h)	生料制备工段:29780437 煤粉制备工段:5173774 熟料烧成工段:27882331 水泥粉磨工段:4681533(所有水泥产品消耗)				生产报表
	煤(t)	153192.15(外购,柴油车运输,161km)				
	柴油(t)	固定源-窑炉点火:41.2 移动源-熟料烧成工段:157.99 移动源-水泥粉磨工段:62.01				

续表

种类		排放情况	来源
污染物排放	颗粒物（kg）	窑头：9600 窑尾：15298 水泥粉磨：15010	在线监测系统
	SO_2（kg）	52818	
	NO_x（kg）	391751	
	CO_2（t）	化石燃料燃烧排放：337221.08 熟料对应碳酸盐分解排放：627577.98 消耗电力对应的排放：30886.65 （注：在计算时应避免重复计算，如电力已作为背景数据计算，则产品生产过程CO_2排放应仅将化石燃料燃烧排放和熟料对应碳酸盐分解过程的直接排放纳入）	补充数据表
	废水	无外排	生产报表

明确不同类型数据收集的原则，进行输入输出物流整合，结果见表2-10。

表2-10 数据收集表

数据类型		熟料	水泥
现场数据	原料	石灰石、黏土、石膏、砂岩、水（自来水/河水/湖水……）	熟料（自产）
	原料-利废原料	粉煤灰、煤矸石、高炉渣……	粉煤灰、矿渣
	能源消耗	煤、电、柴油	电、柴油
	污染物排放	颗粒物、二氧化硫、氮氧化物、二氧化碳（直接排放）	颗粒物
	运输距离及方式	石灰石：皮带运输 其他：外购，柴油车运输	熟料：自产 其他：外购，柴油车运输
背景数据	原料获取	石灰石获取、黏土获取、石膏获取、砂岩获取、自来水获取…… 来源：上游供应商、数据库	熟料：自产 粉煤灰获取、矿渣获取 来源：上游供应商、数据库
	能源获取	原煤开采、电力生产、柴油生产 来源：上游供应商、数据库	电力生产、柴油生产 来源：上游供应商、数据库
	污染物排放	CH_4、N_2O、NO_x、CO、NMVOC、SO_x、PM、NH_3、Pb、Cd、Hg、As、Cr、Cu、Ni、Se、Zn 来源：IPCC、EEA、EPA 估算	CO_2、CH_4、N_2O、NO_x、CO、NMVOC、SO_x、PM、NH_3、Pb 来源：IPCC、EEA、EPA 估算
	运输	公路运输、水路运输等 来源：数据库	公路运输、水路运输等 来源：数据库

某水泥企业生产1t熟料最终形成的生命周期清单见表2-11；生产1t P·C 32.5水泥最终形成的生命周期清单见表2-12。

表 2-11　生产 1t 熟料的生命周期清单

流名称	流向	声明单位	单位
石灰石	原料输入	1.24×10^3	kg/F.U.
黏土	原料输入	1.87×10^2	kg/F.U.
石膏	原料输入	8.04×10	kg/F.U.
砂岩	原料输入	1.88×10	kg/F.U.
粉煤灰	原料输入	4.88×10	kg/F.U.
煤矸石	原料输入	8.32×10^{-1}	kg/F.U.
高炉渣	原料输入	4.88×10	kg/F.U.
新鲜水	原料输入	1.35×10^{-1}	m^3/F.U.
电力	能源输入	3.92×10	kWh/F.U.
煤	能源输入	1.28×10^2	kg/F.U.
柴油-固定源	能源输入	3.45×10^{-2}	kg/F.U.
柴油-移动源	能源输入	1.32×10^{-1}	kg/F.U.
CO_2	空气排放	8.09×10^2	kg/F.U.
CH_4	空气排放	2.71×10^{-3}	kg/F.U.
N_2O	空气排放	4.05×10^{-3}	kg/F.U.
NO_x	空气排放	3.30×10^{-1}	kg/F.U.
CO	空气排放	2.50	kg/F.U.
NMVOC	空气排放	2.39×10^{-1}	kg/F.U.
SO_x	空气排放	4.57×10^{-2}	kg/F.U.
PM	空气排放	2.11×10^{-2}	kg/F.U.
NH_3	空气排放	5.03×10^{-6}	kg/F.U.
Pb	空气排放	3.60×10^{-4}	kg/F.U.
Cd	空气排放	4.83×10^{-6}	kg/F.U.
Hg	空气排放	2.12×10^{-5}	kg/F.U.
As	空气排放	1.07×10^{-5}	kg/F.U.
Cr	空气排放	3.63×10^{-5}	kg/F.U.
Cu	空气排放	4.70×10^{-5}	kg/F.U.
Ni	空气排放	3.49×10^{-5}	kg/F.U.
Se	空气排放	4.83×10^{-6}	kg/F.U.
Zn	空气排放	5.37×10^{-4}	kg/F.U.

表 2-12　生产 1t P·C 32.5 水泥的生命周期清单

流名称	流向	声明单位	单位
熟料	原料输入	6.03×10^2	kg/F.U.
粉煤灰	原料输入	9.92×10	kg/F.U.
矿渣	原料输入	3.67×10	kg/F.U.
电力	能源输入	3.32×10	kWh/F.U.
柴油	能源输入	4.43×10^{-2}	kg/F.U.
CO_2	空气排放	1.39×10^{-1}	kg/F.U.
CH_4	空气排放	7.37×10^{-6}	kg/F.U.
N_2O	空气排放	7.37×10^{-6}	kg/F.U.
NO_x	空气排放	6.60×10^{-4}	kg/F.U.
CO	空气排放	3.28×10^{-4}	kg/F.U.
NMVOC	空气排放	6.82×10^{-5}	kg/F.U.
SO_x	空气排放	4.65×10^{-4}	kg/F.U.
PM	空气排放	1.08×10^{-2}	kg/F.U.
NH_3	空气排放	1.68×10^{-6}	kg/F.U.
Pb	空气排放	2.30×10^{-9}	kg/F.U.

3. 碳足迹影响评价

碳足迹影响评价的目的是评估碳足迹清单结果，并将结果转化为潜在环境影响。该阶段将所选择的环境问题（称之为影响类型）模型化，并使用类型参数来精简与解释碳足迹清单结果。类型参数用于表示每项影响类型的总污染排放或资源消耗量。这些类型参数代表潜在的环境影响。对于碳足迹影响评价而言，则是依据碳足迹清单分析结果利用生命周期影响评价模型转化为温室效应（global warming）潜在环境影响指标。

水泥产品碳足迹影响评价在数据收集与确认完成后，以统一的功能单位作为产品系统所有单元过程中输入输出的共同基础，"单元过程"即为进行生命周期清单分析时为量化输入和输出数据而确定的最基本部分（来源：GB/T 24040—2008，定义 3.34）。计算程序包括温室气体排放量计算、二氧化碳当量计算以及功能单位温室气体排放量计算。其中温室气体排放量计算指利用现场数据及背景数据乘以该活动水平数据对应的排放因子，并以产品每功能单位温室气体排放量的形式记录。二氧化碳当量计算则是根据第一步计算得出的温室气体排放量乘以相应的全球增温潜势（GWP）将其转换为二氧化碳当量的排放。将各类温室气体二氧化碳当量加和即为水泥产品功能单位按二氧化碳当量表示的温室气体排放量，见式（2-9）。

$$A_F = \sum a_{F,i} b_{F,i,j} c_j + d_F \tag{2-9}$$

式中　i——单元过程；

　　　j——温室气体种类，如二氧化碳（CO_2）、甲烷（CH_4）、氧化亚氮（N_2O）等；

　　　$a_{F,i}$——在产品系统中原辅料、能源等每功能单位的直接消耗量；

　　　$b_{F,i,j}$——原辅料、能源获取及运输过程所对应的排放因子；

c_j——温室气体所对应的全球增温潜势值;

d_F——以功能单位 F 为基准的产品生产过程直接排放二氧化碳当量。

碳足迹影响评价可依托于生命周期影响评价软件和方法体系。生命周期评价软件在保持生命周期评价方法精确性的同时能显著减少建模评估所需的时间。国际上已经开发出多种评价工具软件,其中最著名的包括 ECO-it、EcoManager、EcoPro、GaBi、IDE-MAT、SimaPro、TEAM 和 Umberto 等。

📖 典型案例:碳足迹影响评价

某水泥企业生产 1t 水泥产品碳足迹影响评价如下:

功能单位:生产 1t P·O 42.5 水泥;

系统边界:"从摇篮到大门"的生命周期过程,即从原料与能源获取、运输、产品生产到产品出厂为止,不包括产品的使用和废弃阶段。

生命周期评价方法体系:ReCiPe Midpoint (H) V1.00。

碳足迹结果:生产 1t P·O 42.5 水泥碳足迹为 $716 kgCO_2 eq$。

各单元过程碳排放量见表 2-13。

表 2-13 各单元过程碳排放量

项目	单位	单元过程							合计
		石灰石开采	助磨剂生产	产品生产(含熟料)	原煤开采	柴油生产	原燃料运输	电力生产	
温室气体排放	$kgCO_2 eq.$	7.41	6.04	622	2.20	0.0715	8.21	50.1	716
占比	%	1.04	0.84	86.90	3.07	0.01	1.15	7.00	—

3 水泥行业碳减排路径全景分析

本篇从全生命周期的角度分析了水泥及熟料产品在原料与能源获取阶段、原燃材料运输阶段、产品生产阶段、产品运输阶段、产品使用阶段、产品生命末期阶段六个阶段的排放清单。结合典型案例对排放清单中所涉及排放源提出了可供参考的减排技术及减排途径,并介绍了当前国内外适用于水泥行业的减碳技术发展趋势,分析了相关技术的经济性与减排潜力(图3-1)。

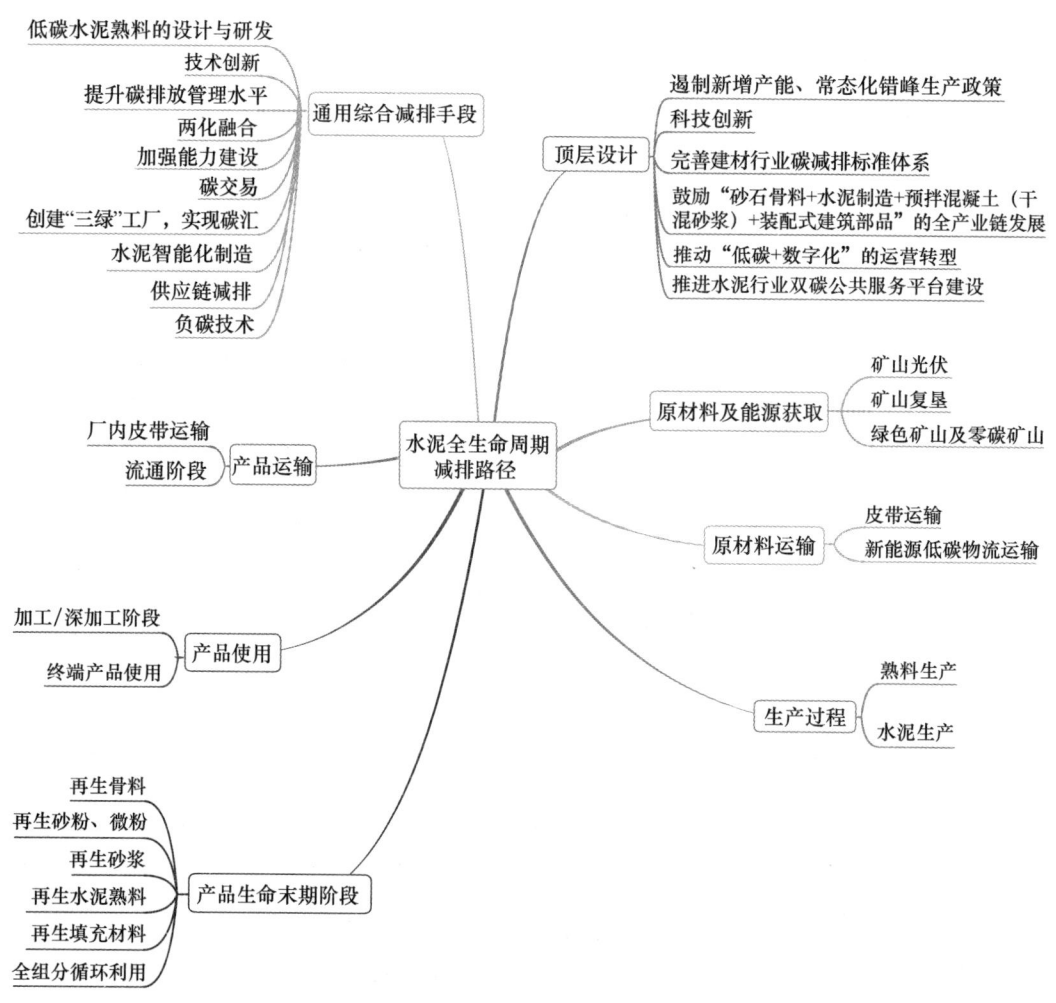

图 3-1 水泥行业碳中和路径图

水泥行业碳中和路径全景思维导图详见书中附页。

3.1 水泥产品全生命周期的碳排放

3.1.1 概述

水泥生产的全生命周期至少要经历原料与能源获取、原燃材料运输、产品生产、产品运输、产品使用、产品生命末期六个阶段,这六个阶段的碳排放源即为水泥全生命周期低碳发展和可持续发展的核心内容。只有每个阶段排放的 CO_2 降到最低,整个水泥全生命周期、全产业链的 CO_2 排放总量才会最小化。其中前四个阶段是水泥行业减碳过程中近期应重点关注的边界,产品的使用和生命末期阶段可在中远期考虑。

全景减排路径分析的意义在于从宏观层面对水泥产品全生命周期排放清单进行结构化梳理,给出全生命周期各阶段排放源的减排途径(图3-2)。

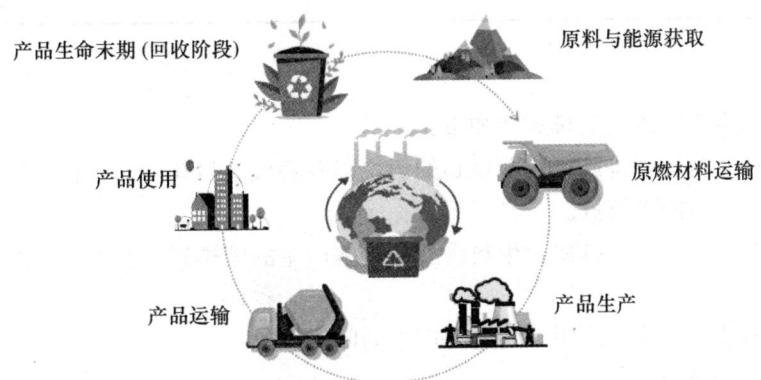

图 3-2 水泥生产全生命周期发展大循环示意图

3.1.2 水泥产品全生命周期各阶段碳排放源

1. 原料与能源获取阶段

原材料获取:石灰石等矿石开采、破碎过程中因消耗原油等产生的直接排放以及消耗电力产生的间接排放。

能源获取:生产所用原煤、电力、柴油等能源在开采及生产过程中消耗的原油等产生的直接排放以及消耗电力产生的间接排放。

利废原料获取:煤矸石、高炉矿渣、粉煤灰等利废原料的生产过程所造成的碳排放,此部分不包括产生此类工业副产品的主要产品生产过程的碳排放。

2. 原燃材料运输阶段

所用主要原材料、能源及利废原料的运输过程因消耗柴油、汽油等产生的直接排放以及消耗电力产生的间接排放。

3. 产品生产阶段

原材料及化石燃料进入水泥厂后经过生料粉磨、熟料煅烧以及水泥粉磨等阶段所产生的碳排放(图3-3)。

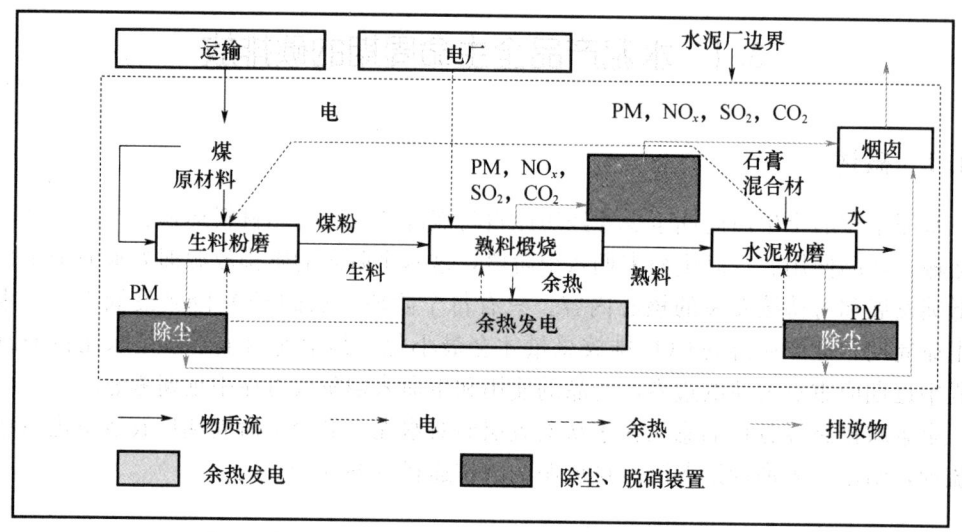

图 3-3 典型新型干法水泥生产工艺流程图

水泥产品生产阶段主要排放源如下：

（1）化石燃料燃烧排放：化石燃料的燃烧以及替代燃料和协同处置的废弃物中非生物质碳的燃烧产生的碳排放。

（2）碳酸盐分解过程排放：生料碳酸盐分解产生的碳排放以及生料中非燃料碳煅烧产生的碳排放。

（3）电力使用排放：使用外购电力产生的间接排放。

4. 产品运输阶段

水泥产品运输过程因柴油、汽油消耗产生的直接排放以及电力消耗产生的间接排放。

5. 产品使用阶段

水泥产品出厂运输、下游使用与维护过程产生的碳排放。水泥产品是混凝土、水泥制品等生产所需的中间产品，其使用阶段包括下游产品生产以及建筑、基础设施施工、运维等过程。

6. 产品生命末期阶段

报废、回收、循环利用与最终处置过程产生的碳排放。

3.2 水泥行业全生命周期碳减排的技术路径

3.2.1 节能与能效提升：各阶段碳减排路径的优先选项

能源使用是碳排放的主要来源之一。虽然水泥生产过程碳酸盐分解过程排放的占比最高，但是由于其减排难度大、成本高，因此，目前对于水泥企业而言节能与能效提升仍是优先考虑的碳减排路径。

水泥生产属于典型的"高碳"能源结构。煤炭消耗占水泥生产能源消耗总量的80%。随着我国水泥产能规模的不断攀升，行业能耗总量从2000年以来快速增长，到2014年达到1.94亿tce的顶点，此后随着行业产能宏观调控政策的有效实施，能耗总量有所回落，至"十三五"末，全行业能耗总量稳定在1.8亿tce左右（图3-4）。

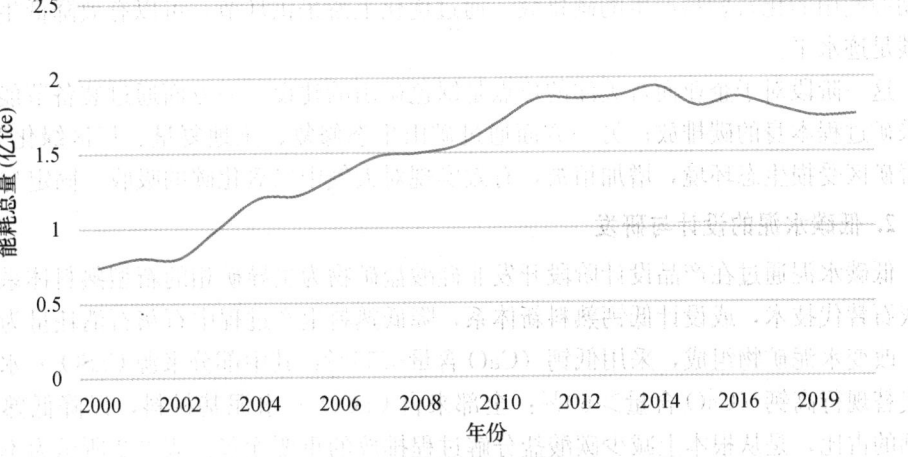

图3-4 水泥行业能源消费趋势示意

《水泥单位产品能源消耗限额》（GB 16780）是衡量水泥企业能效水平的最主要依据。2021年GB 16780标准进行了修订。相比2012版GB 16780标准，2021版GB 16780调整相关限额指标的修正方法，即在满足修订条件时，仅修正相关标准限额值，不再修订企业实际能耗值，既满足能效对标要求，又与能源统计要求保持一致。从表3-1的对比可以看出，2021版标准的限额值相比2012版大幅加严。通过对单位产品煤耗、电耗、综合能耗等指标的约束，有助于引导能效水平相对落后企业实施技术改造，进一步提升能源利用效率。

表3-1 2021版与2012版水泥单位产品能耗限额指标对比

指标名称	单位	能耗限额等级及限额值					
		三级/限定值（可比值）[a]		二级/准入值（可比值）[a]		一级/先进值（可比值）[a]	
		2021版	2012版	2021版	2012版	2021版	2012版
水泥单位产品综合能耗	kgce/t	≤94	≤98	≤87	≤93	≤80	≤88
熟料单位产品综合能耗	kgce/t	≤117	≤120	≤107	≤115	≤100	≤110
熟料单位产品综合电耗	kW·h/t	≤61	≤64	≤57	≤60	≤48	≤56
熟料单位产品综合煤耗	kgce/t	≤109	≤112	≤100	≤108	≤94	≤103
水泥制备工段电耗[b]	kW·h/t	≤34	≤40	≤29	≤36	≤26	≤32

a 2012版标准根据生产线海拔（高于1000m）、熟料强度修正企业实际能耗值，2021版标准仅根据生产线海拔（高于1500m）修正标准三级限额值。
b 2012版标准中水泥制备工段电耗作为资料性附录，不强制执行；2021版标准此指标作为强制性指标。

以GB 16780—2021标准为依据，国家发改委出台了《冶金、建材重点行业严格能效约束推动节能降碳行动方案（2021—2025年）》，规定了水泥行业熟料单位产品综合能耗基准水平和标杆水平，从政策层面进一步明确了水泥行业节能降碳的目标与行动方案。

3.2.2 原料与能源获取阶段

1. 原料与能源获取

原料获取阶段的碳排放主要来自原料开采使用的购入电力产生的碳排放以及车辆等移动源使用的化石燃料产生的碳排放。通过优化上游采供环节，可以有效降低生命周期的碳足迹水平。

这一阶段对于企业而言关注的焦点是绿色矿山的建设。一方面通过装备节能有效降低采矿过程本身的碳排放；另一方面通过矿山生态修复、土地复垦、厂区绿化等途径，改善矿区受损生态环境，增加植被，有效实现对大气中二氧化碳的吸收、固定与储存。

2. 低碳水泥的设计与研发

低碳水泥通过在产品设计阶段开发非硅酸盐矿物为主导矿相的新型熟料体系，开发石灰石替代技术，或设计低钙熟料新体系，降低熟料生产过程中石灰石消耗量为研发重点，改变水泥矿物组成，采用低钙（CaO 含量<55%；其中部分来源 $CaSO_4$）水泥基材料代替现行高钙（CaO 含量>60%；全部来自 $CaCO_3$）水泥基材料，以降低熟料中碳酸钙的占比，是从根本上减少碳酸盐分解过程排放的重要途径。表 3-2 所示为不同类型原料煅烧的碳排放量情况。

在水泥制备阶段，则应考虑通过利用高活性辅助凝胶材料，在保证水泥质量的前提下一定程度上减少熟料的用量，降低水泥中熟料系数。目前国内外开发的新型低碳水泥品种中固废用量占比可达 50% 以上，无熟料/少熟料水泥中熟料用量不大于 5%，实现了较大比例的 CO_2 减排效果。

表 3-2 熟料中不同类型矿物相的碳排放量

类型	过程 CO_2 排放量（$kgCO_2$/t 材料）
硅酸三钙（Ca_3SiO_5）	579
硅酸二钙（Ca_2SiO_4）	512
铝酸三钙（$Ca_3Al_2O_6$）	489
铁铝酸四钙（$Ca_4Al_2Fe_2O_{10}$）	362
石灰石中的氧化钙（CaO）	786
硅灰石（$CaSiO_3$）	379
硫铝酸钙（$Ca_4Al_6SO_{16}$）	216
碳酸镁中的方镁石（MgO）	1100
镁硅酸盐岩石中的方镁石（MgO）	0

📖 延伸阅读：新型低碳水泥品种的研发

- 贝利特水泥（HBC）

贝利特水泥是由含量较高的 β 型硅酸二钙（$β\text{-}C_2S$）为主要矿物组成的水泥，具有许多传统硅酸盐水泥不具备的特点，例如水化热低、干缩小、耐温、抗侵蚀、抗冻、抗渗等特性；其来自碳酸钙中的氧化钙含量在39%～45%之间，相对普通硅酸盐水泥减少了20%左右。相比硅酸盐水泥熟料，每吨贝利特水泥熟料可减少0.1～0.2t左右碳排放。

- 硫铝酸盐水泥（CSA）

硫铝酸盐水泥熟料主要矿物为硫铝酸钙（C_4A_3S）、硅酸二钙（C_2S）、铁铝酸四钙（C_4AF），具有早期强度高、抗硫酸盐腐蚀、适用于冬期施工等优良特性。其来自碳酸钙分解形成的氧化钙含量在31%～38%之间，来自石膏的氧化钙含量在5%～7%之间。相比硅酸盐水泥熟料，每吨硫铝酸盐水泥熟料可减少0.23～0.26t碳排放。

- 高贝利特硫铝酸盐水泥（HB-CSA）

高贝利特硫铝酸盐水泥矿物组分以硅酸二钙（C_2S）、硫铝酸钙（C_4A_3S）和少量的铁铝酸四钙（C_4AF）矿物为主，来自碳酸钙分解形成的氧化钙含量在50%左右，相对普通硅酸盐水泥减少了15%。与硫铝酸盐水泥相比，高贝利特硫铝酸盐水泥与硫铝酸盐水泥的主要矿物构成是相同的，主要区别是C_2S矿物量有了较大程度上的提高。相比硅酸盐水泥熟料，每吨高贝利特硫铝酸盐水泥熟料可减少0.1t碳排放。

- 石灰石烧结黏土水泥（LC3）

LC3是一种基于煅烧黏土和石灰石混合物的新型三元水泥，它利用煅烧黏土和石灰石的协同作用，可以减少高达30%的碳排放和水泥生产中15%～20%的能耗[22]。虽然LC3水泥生产既可减排，又可节能降耗，实现双向控制目标，但由于我国黏土矿多位于可耕作的农田之中，不易开发利用，使得LC3水泥的生产受到一定条件的制约。

3.2.3 原燃材料与产品运输

1. 降低公路运输强度

公路货运车辆特别是中重型柴油货车既是碳排放的重要来源，其尾气排放也是主要的大气污染源之一。通过优化调整交通运输结构，加快推进大宗货物和中长距离运输的"公转铁"和"公转水"，可有效降低运输过程中的CO_2排放。

> **典型案例："公转铁"的北京实践**[23]
>
> 近年来，随着非首都功能疏解，煤炭、金属矿等传统铁路适运货类规模大幅减小。为了挖掘潜力，精准发力，北京综合运用二十余类货运大数据，从需求规模、来源、运距入手，对既有的300余种货物品类逐一分解剖析。经过分析，"公转铁"的主攻对象被确定为矿建材料、商品车、钢铁、煤炭和生活必需品。顺着这些主攻对象，向上游锁定了北汽集团、北京长安、燕山石化、威克冶金、首钢冷轧等重点企业。
>
> 通过实施重点货类公铁联运、铁路承载能力提升、公转铁运输试点、城市绿色配送、公路货运超载超限治理、多源大数据智慧应用六大工程和53项重点任务，推进运输结构调整，北京市到发货物铁路运输比重由2017年的6.4%提高至2020年的9.7%，共实现560万t货物"公转铁"，减少135万辆次大货车上路运行。氮氧化物、$PM_{2.5}$和CO_2分别减排1720t、110t和1430000t。

2. 推广新能源低碳物流

低碳物流是在降低公路运输强度的基础上，继续深化，以节能减排为目标，对整个物流系统进行低碳优化。其由低碳运输、低碳仓储、低碳包装等功能要素所组成，需要从原材料采集、产品生产、消费、回收到再生产全过程中所有物流环节的低碳化。

> 📖 **典型案例：南方水泥从"空中走廊"到"河海联运"，物流短板变身竞争利器**[24]
>
> "上海南方"为了优化配置长三角区域水泥产能、打通物流运输瓶颈，架设起22km的"空中运输走廊"。同时在长湖申航道起点小浦码头建设起航运中转基地，将原"湖州南方"年产200万t、"煤山南方"年产160万t产能的水泥粉磨系统，搬迁至沿岸纵深地带的"兴浦南方"，与"空中走廊"输送带、全省内河最大的环保型散货码头一起，打造成现代化水泥粉磨物流综合产业园。
>
> 据统计，通过22km的"空中走廊"输送带每天可减少水泥熟料运输车辆往返2400车次，全年可节约燃油2026t，减少尾气排放14278t。目前，"上海南方"正在实施将"空中走廊"继续西延至安徽广德境内，将沿线"上海南方"水泥熟料全部通过全电物流输送。项目建成后，"空中走廊"将再延伸约18km，每天又可减少汽车运输1200车次，有效解决广德、长兴境内多条公路交通梗阻和沿途环境问题。

3. 提高产品散装率，减少包装需求

降低包装材料的使用，提高水泥产品的散装率从全生命周期角度而言，是有效降低包装发运环节碳排放的手段。水泥包装与发运环节对环境、人员职业卫生健康的影响均不可忽视，目前很多具备条件的地区已经将水泥散装率作为考核企业的关键指标予以提出。提高散装率，一方面可以有效降低从业人员劳动强度，另一方面对于降低包装发运工序能耗、节约包装材料的使用均有明显作用。

3.2.4 生产过程的减碳途径

熟料和水泥生产过程减碳途径分别如图3-5、图3-6所示。

1. 优化生产，提升系统效率

煤炭使用造成的化石燃料燃烧排放以及碳酸盐分解造成的过程排放均来源于熟料生产过程，因此这一过程是挖掘水泥生产碳减排潜力的主要对象。对于水泥企业而言，统筹开展节能降碳工作是现阶段最经济、有效的手段。其中化石燃料燃烧排放的有效减排主要通过降低煤炭用量实现，企业可通过优化控制、提高产量、降低单耗等措施降低煤耗，目前行业内已经有较为成熟、系统的节煤提效解决方案。提高水泥熟料质量则是促进水泥中熟料系数降低，减少熟料用量的一项综合性工作，需要从原燃料均化、生料均匀调配、热工制度稳定、熟料快冷机制保证、熟料晶型调控等全生产流程中深入分析。

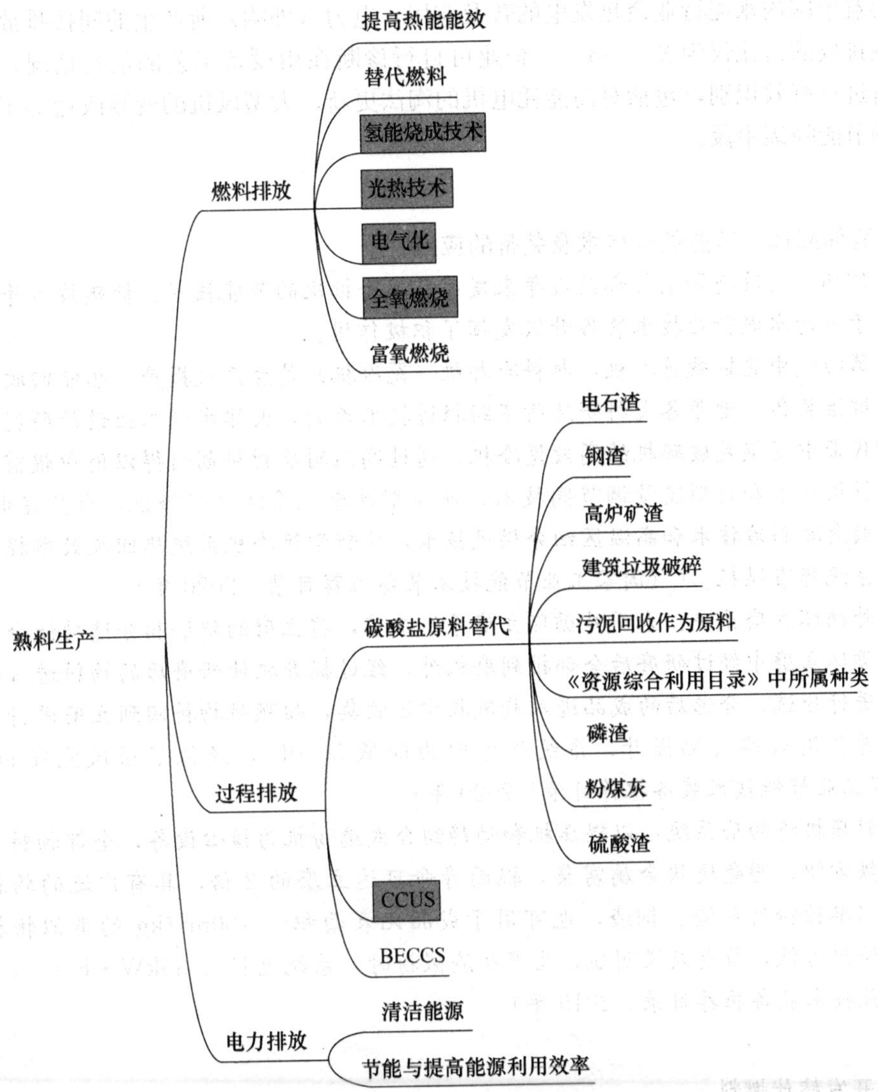

图 3-5 熟料生产过程减碳途径

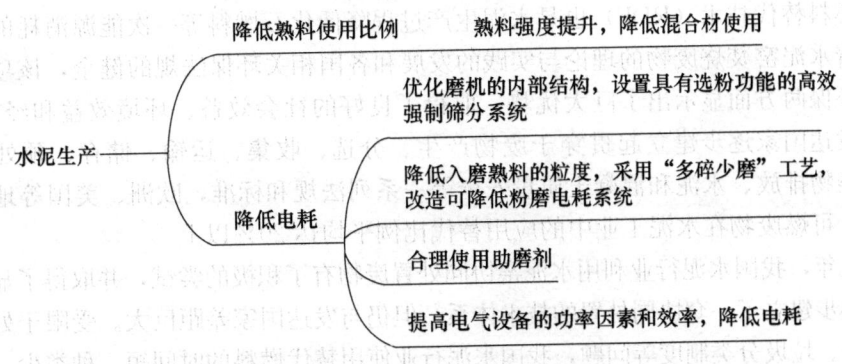

图 3-6 水泥生产过程减碳途径

得益于国内水泥行业余热发电的普及应用,电力(外购)所产生的间接排放在水泥企业碳排放的占比仅为2%~3%。企业可自行诊断在用设备工艺的能耗情况,对高能耗设备进行有效识别,包括对高能耗电机的淘汰更新、大型风机的变频改造等工作均是有效的节能降碳手段。

> **延伸阅读:节能低碳技术及装备的应用**
>
> 工信部、发改委等主管部门近年来发布了多个批次的节能技术、低碳技术等相关目录,对于推动水泥行业技术装备升级发挥了积极作用。
>
> • 第四代中置辊破篦冷机:熟料冷却机(篦冷机)是生产线提产、热能回收以及节能的关键性装备,近年各大科研院所不断推进技术革新,天津水泥工业设计研究院研发的第四代带中置辊式破碎机的高效篦冷机,通过高温耐磨材料创新得以使中辊前移,新型前吹篦板技术和新型流量调节阀技术,使新型篦冷机系统电耗降低,余热发电增加;通过高效急冷斜坡技术和高温区细分供风技术,使新型篦冷机系统热回收效率提高,节省烧成系统标准煤耗。(《国家工业节能技术装备推荐目录》2020年)
>
> • 外循环立磨系统:采用外循环立磨系统工艺,将立磨的研磨和分选功能分开,物料在外循环立磨中经过研磨后全部排到磨机外,经过提升机使研磨后的物料进入组合式选粉机进行分选,分选后的成品进入旋风收尘器收集,粗颗粒物料回到立磨进行再次研磨,能源利用效率大幅提升,系统气体阻力降低5000Pa,降低了通风能耗和电耗。(《国家工业节能技术装备推荐目录》2020年)
>
> • 辊压机终粉磨系统:以辊压机和动静组合式选粉机为核心设备,全部物料为外循环,除铁方便,避免块状金属富集,辊面寿命可达立磨的2倍,具有广泛的物料适应性,可以单独粉磨矿渣、钢渣,也可用于成品比表面积<700m²/kg的类似物料的粉磨,系统阻力低,节电效果明显,生产矿渣微粉时,系统电耗<35kW·h/t。(《国家工业节能技术装备推荐目录》2019年)

2. 开发替代燃料

利用水泥窑协同处置城市生活垃圾等固体废物是未来水泥行业发展的一大趋势。垃圾衍生燃料替代技术(RDF)也是水泥生产过程降低化石燃料等一次能源消耗的重要途径。随着水泥窑焚烧废物的理论与实践的发展和各国相关环保法规的健全,该项技术在经济和环保两方面显示出了巨大优势,取得了良好的社会效益、环境效益和经济效益。欧美等发达国家逐步建立起贯穿于废物产生、分选、收集、运输、储存、预处理和处置、污染物排放、水泥和混凝土质量安全等一系列法规和标准,欧洲、美国等地区的替代燃料,可燃废物在水泥工业中的应用替代比例平均达20%以上。

近几年,我国水泥行业利用水泥窑协同处置废物有了积极的尝试,并取得了显著的成果,已逐步建立了一套协同处置的技术体系,但仍与发达国家差距巨大。受限于处置资源获取条件、垃圾分类制度等问题,我国水泥行业使用替代燃料的时间短、种类少,行业总体的燃料替代率不足5%。《"十四五"工业绿色发展规划》当中,将水泥窑高比例燃料替代技术列为"降碳重大工程示范",预计将为相关技术的发展与应用创造有力条件。

📖 **延伸阅读：国内主流协同处置技术概况**

• **流化床气化炉技术**：以海螺集团为主开发的垃圾处理技术，需要以石英砂作为燃烧介质，以自身废气作为热源。新鲜垃圾倒入储坑后经过破碎、搅拌、均化送入气化炉中。垃圾在气化炉内焚烧，气化气进入水泥分解炉。垃圾渗滤液无须过滤处理，直接喷射至气化炉内焚烧处理。垃圾热值不高时需要加入辅助燃料，单炉处置规模约400t/d。

• **垃圾预处理＋机械入窑**：华新水泥所采用的垃圾处理技术，垃圾经过破碎、好氧发酵、筛分等预处理，全部作为水泥生产原燃料，在水泥工厂进行无害化处置。其中生活垃圾、漂浮物等经过预处理，成为垃圾衍生燃料。处置设备占地面积较大，单炉处置规模较大为1000t/d。

• **生物法预处理＋热盘炉焚烧**：华润水泥为主开发的垃圾处理技术，需要以部分热生料作为介质来处理垃圾，垃圾需要经过破碎、好氧发酵、挤压脱水等工艺进行预处理。引入篦冷机三次风作为热源，利用热盘炉对可燃垃圾进行焚烧，卸出的残渣向下落入窑尾，细小的飞灰和生料则随高温气体进入分解炉。处置设备不受厂区限制，但占地面积较大，单炉处置规模为300t/d。

生物质燃料是除垃圾衍生燃料外的另一大类替代燃料类型。自然界中生物质资源非常丰富，有机物中除化石燃料以外的所有来源于动植物的能源物质均属于生物质能，通常包括木材、森林废弃物（薪柴）、农业废弃物（秸秆）、城市和工业有机废弃物（垃圾）、动物粪便等。

多年前已有水泥企业尝试用秸秆做燃料，将丝状秸秆直接入炉或三次风管，但由于丝状秸秆的体积密度过低，1t的秸秆约需提供10m³以上的占地，在实际应用过程中局限性较大。此外，由于此类替代燃料价格偏高，供应量不足，因此对于推广也有较大难度，且由于其燃烧速度慢，对分解炉出口及预热器稳定均有影响，因此在添加量上也有所限制。

3. 清洁能源与可再生能源的使用

针对熟料生产过程的电力消耗，目前，我国有超过1000条以上的新型干法熟料生产线装备了纯低温余热发电系统，利用余热发电有效降低外购电网电量的使用。初步估算2017年全国水泥窑余热发电量约327亿kW·h；按电热当量法计算，每年可节约能源消耗约400万t标准煤。

目前水泥行业在光伏发电的应用上也开展了诸多有益尝试。海螺水泥、中联水泥等大型集团纷纷在具备条件的生产线上采用分布式光伏等可再生能源发电系统，有效降低外购电力消耗，实现能耗与碳排放的降低。据不完全统计，全国范围内已有超过20条生产线采用光伏发电技术。

📖 **典型案例：某4500t/d熟料生产线分布式光伏发电系统应用**

某日产4500t新型干法水泥生产线，水泥产能200万t，配套建设有一座7.5MW纯低温余热电站。2020年生产线全年消费电量8611万kW·h，通过加装屋顶分布式光伏发电系统进行能源替代，利用工厂厂房屋顶32000m²，可实现装机容量3.6MW，年节约消费电量约330万kW·h，按2012年中国区域电网平均CO_2排放因子该地区对应CO_2排放因子0.6671kgCO_2/kW·h计算，年CO_2减排量2200t。

目前我国分布式电站系统成本在4~5元/W，相比2017年成本大幅下降30%左右。以屋顶分布式电站项目为例，每1kW装机容量系统装机成本在4000~5000元，年发电量1100~1300kW·h，使用寿命约25年。安装成本的下降，使用寿命的提升，均为光伏在水泥行业的推广应用带来了更高的可行性。

4. 资源综合利用与原料替代

水泥是资源综合利用领域的主力军。大量使用固废作为混合材是我国水泥行业与其他行业协同减碳的重要举措，通过使用固体废物，结合超细粉磨等技术的应用，我国水泥的熟料利用系数可以低到0.6~0.65。表3-3所示为几类大宗固废的利用情况。

表3-3 几类大宗固废利用情况

固废种类	年新增量	目前利用情况	未来利用潜力
高炉矿渣	约2亿t	约100%	
粉煤灰	约6亿t	约70%	提高至100%
钢渣	约1.5亿t	30%~40%	提高至100%
工业副产石膏	约2亿t	约50%	提高至100%
煤矸石	约8亿t	约30%	
建筑垃圾	20亿~30亿t	约10%	超细粉磨（4200cm²/g）后，用做水泥混合材或混凝土掺和料，利用比例达到30%

5. 发展富氧燃烧、全氧燃烧

合理应用富氧燃烧、全氧燃烧技术，助力煤粉的燃烧，提高火焰的强度和窑内温度，可以有效降低实物煤消耗量，从而降低CO_2排放。此外，对于当前研究热点的碳捕集等技术，由于水泥熟料煅烧及煤炭燃烧产生的烟气中CO_2浓度平均为23%，CO_2不易收集，全氧燃烧技术可大幅度提高烟气中CO_2浓度到85%以上，使CO_2有序、集中、纯化，有利于捕集、储存和使用。

6. 电气化转型

电能成为能源供应和消费主体，是能源结构向低碳化、绿色化转型的必然趋势。根据《中国可再生能源展望2018》，要将全球升温幅度控制在较工业化前水平的2℃以内，终端部门电气化率需要从2017年的24%提升至2050年的53%。

工业流程电气化是我国的工业领域乃至全国范围能源变革中的重要环节。在工业领域中，把工业锅炉、工业煤窑炉的用煤改为用电，大力普及电锅炉，减少直燃煤使用，既节约了土地占用、人工费用，提高了产品质量，又实现了零污染、零排放。

在中国工业部门能源消费中，煤炭比例持续缩减，电气化水平显著提升。根据落基山研究所《重塑能源：中国》研究，中国将更快迈入更高电气化水平，工业部门电气化水平将从2010年的19%提高到2050年的39%。工业领域电能对化石能源的替代潜力将得到进一步释放。

零碳能源的主要来源为核电、水电、风电、光电和生物质能，能源的直接产出形式由化石能源时代的燃料转为以电力为主。能源低碳转型意味着用能侧也要实现全面电气化，这将导致终端用能方式的巨大变化。其中，推进占全社会能耗总量60%的工业电气化转型尤为关键。

3.2.5 产品使用过程

产品使用阶段减碳途径如图3-7所示。

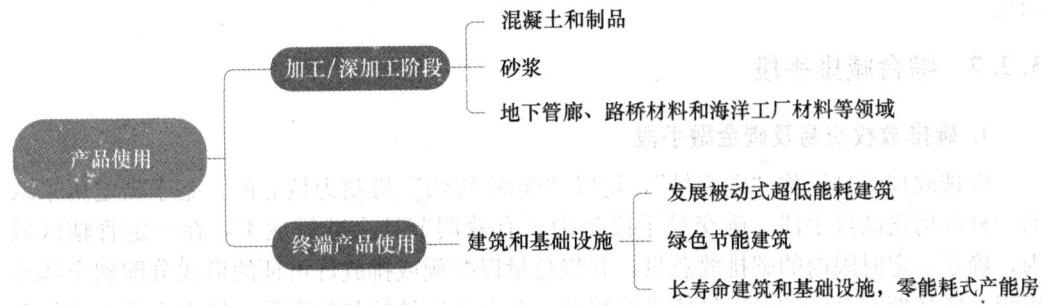

图3-7 产品使用阶段减碳途径

作为从原材料到建设施工全产业链上的典型中间产品，水泥使用阶段包括加工及深加工阶段、终端产品供需行业使用阶段。深加工环节主要包括混凝土和水泥制品、砂浆、地下管廊、路桥材料等领域，深加工环节一般没有工艺过程的直接排放，但是存在因能源使用产生的间接排放。

水泥产品的最终使用主要指建筑和基础设施的建造和使用维护过程，本阶段的排放源主要为建筑使用过程中电力等能源消耗带来的碳排放。宜积极发展被动式超低能耗建筑、绿色节能建筑、延长使用寿命等途径降低碳排放。从全生命周期而言，水泥使用过程的减排需要加大供应链整体协同减排能力。

📖 **延伸阅读：供应链的协同减排实践——混凝土的低碳发展**

混凝土生产是水泥使用的最主要场景之一。每生产$1m^3$混凝土需要消耗250～300kg水泥。若从摇篮到大门的生命周期碳足迹来核算，混凝土产品的碳足迹中水泥带入的碳排放占比超过70%。混凝土生产的碳减排途径可以从以下方面考虑：

(1) 提高混凝土生产过程的精细化管控水平，提高原料利用率、产品合格率。

(2) 物流、泵送环节的低碳化。采用电气、氢能和混合能源实现混凝土运输的零排放。

(3) 加强科技创新，发展碳化混凝土、纳米改性混凝土，积极推行固废和建筑废弃物综合利用，从而减少水泥使用。

(4) 延长下游建设工程使用寿命。地下管廊、路桥材料和海洋工程材料要在提高性能的同时，延长寿命，减少单位性能（功能）的能耗、物耗，提高效率、降低成本，使单位产品的性价比最高化。

3.2.6　产品生命末期

水泥产品末期的排放指的是水泥产品报废、回收、循环利用与最终处置过程产生的碳排放。这一阶段已经从水泥行业跨入到基础设施、建筑行业，通常水泥生产企业很难加以控制。

从发展循环经济角度看，目前国内针对建筑垃圾进行处理生产再生骨料、机制砂石已经初具规模。废弃混凝土破碎的再生骨料可以继续用于相应等级的混凝土、砂浆生产，废弃的砖石混凝土破碎粉碎后可以替代机制砂，也可用于装饰砂浆、混凝土垫层等用途。

3.2.7　综合减排手段

1. 碳排放权交易及碳金融手段

碳排放权交易简称"碳交易"，是以"配额-履约"机制为核心的，基于碳定价采取的一种市场化减排手段。碳交易手段是为了有效调节社会减排成本，在一定管辖区域内，确立一定时限内的碳排放总量，并将总量以配额或排放许可证的形式分配到个体或组织；使其拥有合法的温室气体排放权利，并允许这种权利像商品一样在交易市场的参与者之间进行交易。本书有单独的章节对其进行详细介绍。

由于不同地区、不同行业、不同技术和管理水平的差异，工厂的减排成本存在差异，当碳排放权具备（产权）交换的属性时，那么碳交易将允许减排成本低的企业多减排，进而通过配额盈余来获利；而减排成本高的企业也可通过相对低的价格（低于减排成本）购买配额，从而降低实现目标的减排成本。

与其他的减排方式相比，碳排放权交易易于实现确定量的减排目标。碳交易一般会确定一个总量管制目标，方便用量化的方式确定减排效果，因此易于确保达成政府承诺或设定的环境目标。此外，就经济及产业效益而言，一个运作良好且参与者众多的碳排放交易体系，可以确保全社会整体减排成本最低，符合经济效益最优的原则。减排目标完成得好的控排对象可以通过减排获利，这是其他任何减排方式无法比拟的，这种内在的激励机制符合企业追求利润的本能需求。对于规模大、能耗高的水泥企业来说，碳排放权交易显然更为适用，而市场激励也使碳减排的总体目标更容易达到。

旨在减少温室气体排放的各种金融制度安排和金融交易活动统称为碳金融。其主要包括碳排放权及其衍生品的交易和投融资以及其他相关的金融中介活动。碳金融为水泥企业参与碳交易市场提供了更加丰富的价值。对于水泥企业而言，碳交易市场不再仅仅是一个通过交易实现履约的场所，还具有为企业节能减排提供融资、对碳价波动进行对冲以及实现碳资产保值增值等诸多功能。

2. 生产数字化水平的提升

生产方式的数字化转型是提升能源、资源、环境管理水平的基础性工作。利用生产制造执行系统（MES）、先进过程控制系统（SAP）等信息化手段，企业可以实现对烧成、粉磨等工序的自动化、智能化控制，优化关键生产过程参数，并确保生产过程稳定、提高质量和降低能耗。

典型案例：打造水泥智能工厂

随着智能化技术、装备的成熟应用，国内各大水泥集团纷纷着手升级生产线的智能化水平，包括全椒海螺、槐坎南方、遵义赛德、泰安中联等一批全流程智能制造工厂纷纷投产。以全椒海螺为例，自投入运行以来，智能化系统实现24h不间断监控水泥生产运行情况，工厂生产人员减少约18%、设备故障停机率降低约20%、生产效率提升超过20%、资源综合利用率提升约5%、能源消耗下降超过1%、CO_2减排超过2.5万t/年，取得了良好的社会及经济效益。[25]

3.3 减碳技术发展趋势介绍

3.3.1 新能源的开发使用

1. 生物质燃气技术

今后很长一段时期内，预计难有经济可行、可大范围、大比例替代石灰石的原材料。因此，水泥行业从源头控制碳减排的重点是节约燃煤及提高原燃料和废弃物的替代比例。实践证明，以可再生生物能源替代燃煤是可行路径。

人类对生物质资源的能源化利用经历了三代技术，农村传统的烧火做饭取暖是第一代生物能源技术，能源利用效率平均13%左右；生物质直接燃烧发电或供热是第二代生物能源技术，能源利用效率约30%；生物质气化是第三代生物能源技术，能源利用效率达85%。目前，第二代生物能源技术的生物质直接燃烧发电与供热产业正逐步退出市场，其催熟的生物燃料市场正让位于第三代生物能源技术——生物质燃气技术。

由于生物质燃气的燃烧温度较低，且易对水泥生产线物料平衡产生影响，因此当前大部分只应用于分解炉（900℃左右），尝试替代部分化石能源。如果要在回转窑中实现利用高温生物质燃气替代原煤，涉及水泥分解炉和回转窑等水泥生产线的物料平衡，应进行物料平衡再设计和水泥生产温度场（带）、生物燃气及燃烧烟气流与物料流再设计，以及气固液相反应和传质传热、工艺设备等再设计。

2. 氢能利用

氢能是公认的清洁能源，被誉为21世纪最具发展前景的二次能源。2020年国家能源局发布的《中华人民共和国能源法（征求意见稿）》中，氢能被列为能源范畴。氢能在解决能源危机、全球变暖及环境污染等问题方面将发挥重要的作用，也将成为我国优化能源消费结构、保障国家能源供应安全的战略选择。

氢燃料电池等在汽车、交通领域已经有了较多的研究。氢能冶金、绿氢煤化工等领域也逐渐成为发展的热点。氢能热值比燃煤高，应用过程与煤炭燃料类似，根据瑞典氢能炼钢项目HYBRIT的数据，与传统高炉转炉炼钢方式相比，氢能炼钢可降低90%以上的碳排放。

氢能在水泥行业的应用目前还在研究探索阶段，开发氢能煅烧制备水泥熟料的热动力学、汽气分离技术等是当前研究的重点与难点，包括降低氢燃料的成本、研发高吸附储氢材料、确保氢燃料燃烧系统的安全性等问题均需逐步解决。

3.3.2 碳捕集、利用与封存

CCUS 技术是指将 CO_2 从工业过程、能源利用或大气中分离出来，直接加以利用或注入地层以实现 CO_2 永久减排的过程。CCUS 在 CO_2 捕集与封存（CCS）的基础上增加了"利用（Utilization）"，按技术流程分为捕集、输送、利用与封存等环节[26]。作为目前讨论的能够实现"负碳排放"减排技术，全球主要能源研究机构、碳减排倡导组织，以及一些国家和地区将 CCUS 技术作为未来主要的碳减排技术。CCUS 也是我国实现 2060 年碳中和目标技术组合的重要构成部分。

根据全球碳捕集与封存研究院（GCCSI）的统计，目前世界上共有 CCUS 项目超过 400 个，其中年捕集规模在 40 万 t 以上的大规模综合性项目有 43 个（含目前运行、在建和规划的项目）。据统计，截至 2019 年底，我国共开展了 9 个捕集示范项目、12 个地质利用与封存项目，所有 CCUS 项目的累计 CO_2 封存量约为 200 万 t。我国 CO_2 捕集主要在煤化工行业开展，其次为火电行业。据生态环境部环境规划院等单位研究预测，2050 年和 2060 年，需要通过 CCUS 技术实现的减排量分别为 6 亿～14 亿 t 和 10 亿～18 亿 t CO_2。其中，2060 年生物质能碳捕集与封存（BECCS）和直接空气碳捕集与封存（DACCS）分别需要实现减排 3 亿～6 亿 t 和 2 亿～3 亿 t CO_2。从我国源汇匹配的情况看，CCUS 技术可提供的减排潜力基本可以满足实现碳中和目标的需求（6 亿～21 亿 t CO_2）。

水泥工业的碳减排相对其他行业而言，主要难点在于生产过程的碳酸盐分解排放难以大幅度降低。因此，基于目前发展趋势，在没有出现更优方案前，CCUS 技术预计将是水泥行业最终实现碳中和的一项"兜底"选择。

📖 **延伸阅读：BECCS、DACCS——发挥深度减排作用的重要负排放技术**

• BECCS 技术：

生物质能碳捕集与封存（BECCS）是指将生物质燃烧或转化过程中产生的 CO_2 进行捕集和封存。由于生物质本身通常被认为是零碳排放，即生物质燃烧或转化产生的 CO_2 与其在生长过程吸收的 CO_2 相当，因此其封存的 CO_2 在扣除相关过程中的额外排放之后即为负排放。与其他 CCS 技术相比，BECCS 技术项目示范部署较为滞后。截至 2019 年底，全球共有 8 项 BECCS 项目。其中，美国伊利诺伊州工业碳捕集项目是目前规模最大的 BECCS 项目，该项目从玉米生产乙醇的过程中捕集高纯度的 CO_2 用于咸水层地质封存，捕集规模达到 $1 MtCO_2/a$。

• DACCS 技术

直接空气碳捕集与封存（DACCS）是指使用电力通过风扇和过滤器从大气中直接去除 CO_2。DACCS 工艺一般由空气捕捉模块、吸收剂或吸附剂再生模块、CO_2 储存模块 3 部分组成。空气捕捉模块通过引风机等设备对空气中 CO_2 进行捕集，再通过固体吸附材料或液体吸收材料吸收 CO_2。吸收或吸附材料再生模块主要通过高温脱附等方法对材料进行再生。CO_2 储存模块主要通过压缩机将收集的 CO_2 送入储罐中贮存。[27] 目前全球范围内有约 15 个 DACCS 设施，每年捕获 9000t 左右 CO_2。

📖 **典型案例：国内水泥行业 CCUS 技术的应用**[28]

海螺集团于 2018 年建成首条水泥窑烟气 CO_2 捕集纯化示范项目。该项目采取的技术路线为燃烧后捕集的化学吸收法，原料气从水泥窑电除尘排风机出口与烟囱之间的管道引出，氧化碳捕集规模为 5 万 t/年，实现了 CO_2 资源化利用。该项目可生产工业级和食品级液态 CO_2：

第一步是 CO_2 捕集过程。水泥窑烟气通过引风机送入脱硫水洗塔底部，分别经过水洗降温、脱硫净化、二次水洗去除杂质后，进入吸收塔底部，在吸收塔内烟气中 CO_2 被吸收剂吸收形成富液，富液通过泵送至换热器加热后，再送到解吸塔，在解吸塔内解析出纯度 95% 以上的 CO_2。

第二步是 CO_2 纯化精制过程。CO_2 气体从解析塔顶部引出，经冷凝、分水后进入压缩机三级压缩，提升至 2.5MPa 的高压气体，气体再通过脱硫床、干燥床和吸附床，脱除气体中的油脂、水分等杂质，通过冷冻液化系统液化后，分别进入工业级精馏塔和食品级精馏塔精馏，得到纯度为 99.9% 以上的工业级和纯度为 99.99% 以上的食品级 CO_2 液体，并通过管道送至储罐中贮存。

3.3.3 前沿降碳技术展望

国际能源署（IEA）在《全球能源部门 2050 年净零排放路线图》报告中提到，2050 年实现净零排放，技术创新将发挥重要作用，在其提出的路径中，到 2030 年全球大部分 CO_2 减排量将通过现有可用的技术实现。不过，到 2050 年，几乎一半的碳减排将通过目前处于示范或原型期的技术而实现[29]。

对于水泥行业而言，深度的减排潜力挖掘将有赖于各类新兴、前沿降碳技术的发展。

📖 **典型案例：前沿降碳技术的开发应用**

• Carbon Cure 技术[30]

它是由加拿大 Carbon Cure 公司开发的一种将 CO_2 注入预拌混凝土中实现碳减排的技术，结合现有配料系统，其将 CO_2 用作混凝土的生产原料，在预拌混凝土生产过程中加入液体 CO_2（用量一般为混凝土中水泥质量的 0.1%~0.15%）。经注入的 CO_2 通过矿化过程以 $CaCO_3$ 形式永久固化于混凝土中。据 Carbon Cure 公司资料显示，这一技术可使混凝土强度提高约 10%，同时减少水泥用量 5%~8%。目前已有北美的数十家混凝土站采用这一技术。

• 光热煅烧水泥

西麦斯（CEMEX）水泥与瑞士 Synhelion 公司正在合作开发全球首个使用高温太阳能技术生产水泥的零碳排试验项目。从 CEMEX 水泥与 Synhelion 公开的技术资料来看,其原理为:由 CO_2 和 H_2O 组成的气态传热流体(HTF)在太阳能塔顶部的接收器中被加热至1500℃以上,HTF通过管道被输送到地面上的水泥回转窑中替代化石燃料供热,以逆流的方式加热原材料。经过换热后,一些已经被冷却至800~1000℃的高温流体被送回接收器再次加热,而煅烧产生的所有 CO_2 留在水泥生产系统中并与传热流体混合,形成闭环。

以此方法进行水泥生产产生的废气主要由高浓度 CO_2 和 H_2O 组成,不包含化石燃料燃烧所产生的多种副产物,有利于后续 CO_2 的净化与提取。提取出的 CO_2 可以作为原料被供应到太阳能燃料合成工厂,利用这些 CO_2 生产合成燃料,实现能源再生,完成碳闭环。可以认为该项技术本质上是聚光太阳能(CSP)发电技术+ CO_2 合成液体燃料技术的集成创新。

- 水泥窑尾气吸碳制砖[31]

华新水泥股份有限公司和湖南大学共同提出了利用水泥窑尾烟气吸碳制砖的工艺新路径。该项技术基于"水分调控-气体迁移-碳化反应"协同理论,结合水泥、骨料矿山废弃渣土免烧压蒸制砖工艺,利用水泥窑烟气 CO_2 养护制砖。据项目团队介绍,经水泥窑烟气养护数小时后,砖的平均抗压强度达到15MPa以上,满足国家相关标准的要求。

生产水泥的水泥窑所排放尾气中 CO_2 浓度为20%~30%。以年产1亿块混凝土砖生产线为例,每年可吸收利用 CO_2 达2.6万t;取消高温压蒸节约的余热蒸汽用来发电,年发电量可达379万 $kW \cdot h$。

3.3.4 技术经济性及减排潜力的对比分析

减排潜力和技术经济成本是减排技术能否大规模推广应用的主要影响因素。技术经济性决定了技术大规模商业化应用的可能,经济可行性好的技术在各类减排技术中具有竞争力,从而促进其应用和推广,反之亦然。基于此,通过对相关文献资料的汇总分析,各类前沿减碳技术的减排潜力及经济成本分析见表3-4。

表3-4 前沿减碳技术减排潜力及经济成本分析

减碳技术	减碳能力	减碳成本	后期成本下降潜力	说明
低碳水泥研发	40~70 $kgCO_2$/tcl	降低水泥生产成本	—	—
富氧燃烧技术、全氧燃烧技术	20~50 $kgCO_2$/tcl	较低	显著	—
生物质燃气技术	2020—2050年,生物质燃气技术可减少3%~10%的 CO_2 排放量	中	—	—
氢能利用	200~300 $kgCO_2$/tcl	高	尚未有此方面的研究	研究氢能等清洁能源煅烧条件下熟料烧成反应热动力学及燃炉全流程减排与节能耦合技术,开发全新的水泥制备工艺技术体系,实现全流程 CO_2 减排40%以上

续表

减碳技术	减碳能力	减碳成本	后期成本下降潜力	说明
电气化	—	—	—	水泥行业目前还未有电力完全替代燃料的相关报道
Carbon Cure 技术	用 Carbon Cure 制成的混凝土建筑平均每 $1m^3$ 减少 $17kgCO_2$	较高	显著	成本主要为 CO_2 捕集的成本
CCUS 碳捕集封存利用技术	$350kgCO_2/tcl$	高	显著	采用不同的碳捕集方法，对成本影响较大
BECCS 生物能源与碳捕获和储存	我国生物质资源在空间上分布不均匀，会影响当地和跨地区的生物质资源供给量和 BECCS 技术的减排潜力	高	显著	生物质燃烧耦合 CCS 技术成本总体最高

4 碳减排目标与披露

> 在国家、行业研究制定"碳达峰、碳中和"行动方案的基础上，企业得以明确碳排放的核算方法与减排路径手段。以自上而下的国家、行业目标为指引，企业应研究制订符合实际发展需要的碳减排目标，并及时予以披露，接受社会的监督。本章分析了几种碳减排目标的设定方法，并以国内外典型企业为例介绍了行业行动进展。通过对国内各地区水泥行业、企业发展特点的分析，结合技术路径的减排潜力，研究提出了国内水泥企业设定减排目标与披露的步骤与关注重点。

4.1 碳减排目标的设定

4.1.1 概述

根据联合国全球契约组织（United Nations Global Compact）2021年发布的《企业碳中和路径图》报告，目前关于碳减排目标的设定方法使用较广泛的包括科学碳目标倡议（SBTi）、转型路径倡议（TPI）、X度兼容性（XDC）和中小企业气候中心计划（The SME Climate Hub）等。几类减排目标设定方法基本一致，均将企业的目标水平与不同的升温情境挂钩。SBTi提供了升温低于2℃和1.5℃的两种情境。TPI提供了五种情境，包括升温2.0℃和1.75℃情境以及《巴黎协定》对应的升温1.5℃情境。XDC提供两种情境（2.0℃和1.5℃）。中小企业气候中心计划提供一种情境（1.5℃升温）[32]。

SBTi覆盖15大行业，并提供按行业划分的目标设定指南；TPI和XDC分别覆盖约10大行业。中小企业气候中心计划通过《1.5℃商业手册》（The 1.5℃ Business Playbook）对企业提供指导，其中介绍了7大行业如何按照1.5℃目标设置减排目标。

4.1.2 碳减排目标的设定方法

1. 科学碳目标倡议（SBTi）

SBTi是由联合国全球契约组织、碳披露项目（CDP）、世界资源研究所（WRI）和世界自然基金会（WWF）共同发起的，旨在协助企业设定必要的减排目标，把全球平均气温升幅控制在工业化前水平以上低于2℃之内，并努力将气温升幅限制在工业化前水平以上1.5℃之内。SBTi目前提供了设定中短期减排目标（5~15年）的方法，并立足成熟的目标设定方法论，拓展减排目标设定的范围。

科学碳目标的设定方法总体上包括三个组成部分：一项碳预算（确定将全球温升控

制在1.5℃和远低于2℃可以排放的温室气体总量），一个排放情境（确定减排的规模和时间）和一种分配方法（确定如何向各企业分配碳预算）[33]。

根据SBTi的规定，科学碳目标应覆盖企业至少95%的范围一和范围二排放量。对于范围一和范围二排放源，可以设定强度目标。但企业设定的强度目标必须符合气候科学且能够带来绝对减排。

如果企业的范围三排放量占比较大（超过范围一、范围二和范围三排放总量的40%），应该设定范围三目标。范围三目标通常不需要是科学碳目标，但应该能够明确证明一家企业如何根据当前的最佳实践，解决主要价值链温室气体排放源。

SBTi中给出了三种主要的目标设定方法，即绝对排放量收缩法、行业减排法（SDA）和经济强度收缩法。绝对排放量收缩法定义为与基准年相比，截至目标年整体减少的温室气体排放量；行业减排法则使用排放量强度趋同设定物理强度目标，对于范围一、范围二排放量占比高的行业适用性较好；经济强度收缩法使用单位增加值温室气体排放量（GEVA）作为依据，其与经济预测和对历史排放量的估算相挂钩，相比绝对排放量和物理强度目标设定方法来说，可靠性偏低。

典型案例：拉法基豪瑞签署基于科学目标的净零承诺（Lafargeholcim signs net zero pledge with Science-Based Targets）[34]

至2030年，范围一碳排放强度比1990年基准线下降38%，降低至475$kgCO_2$/t水泥，范围二碳排放强度比2018年基准线下降65%，降低至13$kgCO_2$/t水泥，拥有首座净零水泥工厂；至2050年实现碳中和（图4-1）。

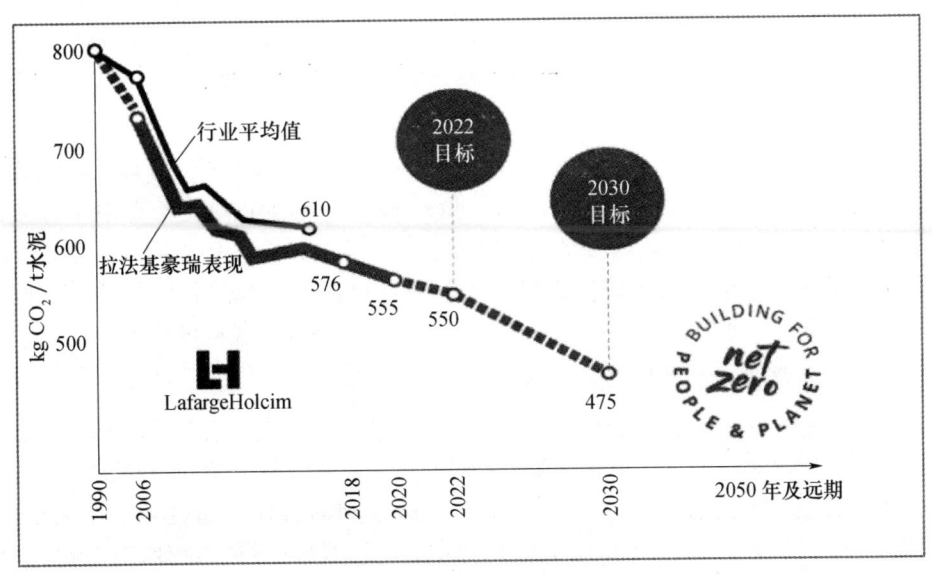

图4-1 拉法基豪瑞净零路线图

• 2030年减碳路径

范围一：碳排放强度降低至475$kgCO_2$/t水泥，比1990年基准线下降38%。主要技术指标：熟料系数降至0.68；替代燃料比例提高至37%；使用脱碳或其他行业副产品的替代原材料；利用CCUS技术。

范围二：碳排放强度降低至13kgCO$_2$/t水泥，比2018年基准线下降65%。主要技术指标：提高余热发电比例；使用清洁可再生能源；购买电网脱碳电力。

范围三：主要来源是交通运输。主要技术指标：优化交通运输网络；改善物流、配送，优化路线及负荷；使用环境友好型车辆；使用绿色运输工具；就近采购原材料。

- 2050年减碳路径

范围一：通过SBTi确认的净零排放路径。主要技术指标：最大限度地提高现有技术利用效率；将熟料系数降至最低值；利用烧结黏土替代传统矿物，大规模使用CCUS技术。

范围二：碳排放强度降低至净零。主要技术指标：最大限度地使用余热发电，优化发电资产；提高可再生能源比例，扩大可再生能源组合；依靠电网逐步脱碳，采购电网清洁电力。

范围三：碳排放强度降低50%。主要技术指标：降低供应链CO$_2$排放量；优化交通网络，使用环保型交通工具；采用运输管理系统、优化运输路线；使用"车载管理系统"（自有车队＋第三方车辆）；最大限度地使用当地采购的替代燃料。

2. 转型路径倡议（Transition Pathway Initiative，TPI）

TPI是一项由英国环境局养老保险基金牵头发起的全球倡议，涉及众多资产持有者，并得到了众多资产管理公司的支持。TPI从管理质量和碳排放绩效表现两个维度评估企业向低碳经济转型的进展及支持减缓气候变化的努力，并为企业提供设定或调整碳减排目标的指南。管理质量指标包括公司政策、排放报告和核查、目标、战略风险评估和高管薪酬等问题，划分为0～5级；碳排放绩效评估采用IEA定期发布的《能源技术展望报告》（Energy Technology Perspectives Report）所提供的模型[35]。

3. X度兼容性（X Degree Compatibility，XDC）

XDC是德国气候咨询机构"right. based on science"推出的经济气候影响模型，其通过每百万欧元碳排放强度作为评估指标。XDC模型旨在量化单个企业对全球变暖的影响，通过假设其他所有企业的碳排放强度和经济产出与该企业处于同一水平，推出到2050年地球的升温幅度，结果以摄氏度表示，通过对比基准线与特定部门目标间的差距获得相应结论。企业可将结果作为合理设定或调整自身减排目标的依据。

4. 中小企业气候中心计划（The SME Climate Hub）

中小企业气候中心计划是国际商会（ICC）、联合国"奔向零碳"全球倡议（United Nations Race To Zero Campaign）等共同发起的一项行动计划，旨在支持中小企业实现2030年前将温室气体排放减半、2050年前实现碳中和的目标。通过与牛津大学合作，中小企业气候中心发布《1.5℃商业手册》对企业进行具体指导，主要工作流程包括开展承诺并设定目标、测量和报告碳排放、实施气候战略、降低企业自身排放水平、降低价值链排放、支持社会层面气候行动等。

4.1.3 国外典型企业的碳减排目标对比

全球范围已有众多知名水泥企业公开发布了企业层面的碳减排路径图及目标（表4-1），

各企业的目标基本承接了相关行业组织、协会所发布的碳减排技术路径与方案，并对阶段性的碳减排目标加以明确、细化。目前国内行业层面尚未发布行动方案以及路径，因此企业层面制订碳减排目标所开展的工作还比较少。

表 4-1　世界知名水泥生产企业碳减排目标

企业名称	碳减排目标
拉法基豪瑞（Lafargeholcim）	2030 年，范围一碳排放强度降低至 475kgCO_2/t 水泥；范围二碳排放强度降低至 13kgCO_2/t 水泥，拥有首座净零水泥工厂；2050 年实现碳中和
海德堡（Heidelberg Cement）	2025 年实现碳排放强度降至 525kgCO_2/t 水泥，相较于 1990 年下降 30%；2030 年实现碳排放强度下降至 500kgCO_2/t 水泥，较 1990 年下降 33%；在 2050 年混凝土实现碳中和
西麦斯（CEMEX）	在 2030 年水泥碳排放强度比 1990 年基准线减少 35%，在 2050 年实现混凝土净零碳排放（碳中和）
老城堡（CRH）	2030 年水泥碳排放强度比 1990 年基准线减少 33%，降低至 520kgCO_2/t 水泥，在 2050 年实现水泥和混凝土价值链碳中和

延伸阅读：世界知名水泥生产企业的碳中和路径

- 海德堡（Heidelberg Cement）[36]

2020—2030 年中期措施：提高能源利用效率；提高替代燃料、原材料和新型结合剂的使用；使用低碳熟料和胶凝材料；研发新水泥类型，优化混凝土混合料比例；使用 CCUS 技术；循环混凝土的再碳化。

2030—2050 年远期措施：持续提高工艺和能源利用效率；低碳的替代胶凝材料；增加低碳或零碳产品种类；全流程碳捕捉和再生混凝土的再碳化；氢气燃料使用及窑炉电气化；新技术产业化推广。

- 西麦斯（CEMEX）[37]

2030 碳减排路径和措施：增加替代燃料使用；增加低碳替代熟料使用；增加脱碳替代原材料使用；最大限度地使用可再生清洁能源；余热回收利用及提高能源利用效率。

2050 净零混凝土碳减排路径和措施：大规模使用 CCUS 技术；新型混凝土技术研发使用；风电、光电、氢能源等可再生能源大规模使用；使用新型光热熟料生产技术等；混凝土再碳化及再回收利用；植树造林增加天然碳汇。

- 老城堡（CRH）[38]

替代燃料：碳中性燃料及非化石燃料替代化石燃料；增加协同处理废弃物替代燃料使用。

替代原材料或熟料：利用其他行业有价值的废料或副产品替代，增加脱碳原材料使用。

低碳产品研发：研发低碳产品，减少熟料使用比例，减少水泥使用比例。

优化能源结构和效率：增加余热回收利用；使用风电、光电等可再生能源；提高能源利用效率。

优化运输网络：优化运输网络，提升运输效率，使用清洁运输工具等。

碳捕、捉利用及封存（CCUS）技术。

4.2 我国水泥行业碳减排路线图初探

4.2.1 我国水泥行业发展情境分析

1. 概述

通过对国外的碳减排目标设定方法的探讨，可以看出国际上的主流碳目标设定方法基本以控制温度上升幅度作为设置减排强度目标或绝对目标的前置情境，这也是基于《巴黎协定》提出的与气候变化相挂钩的设定方法。

水泥行业是保障经济发展的基础原材料工业，从我国国情出发，我们在研究行业的"碳达峰、碳中和"时，除了从温度上升目标出发外，更要充分考虑宏观政策需求、区域发展需求以及企业技术需求等要素。

每个时代都有它客观存在的历史条件。我们在探讨水泥行业面向"碳减排、碳中和"的路径、目标均是在考虑历史经验的前提下，以不超出当前认知范畴的方法、模型来进行预判与分析。当出现不可获知的技术、材料、生产方式等变化时，则会令相应结论不再成立。我们进行优化路径设计的前提是基于生产工艺延续、主流材料稳定、间接排放脱碳、产量消费达峰作为前置的情境假设（图4-2）。

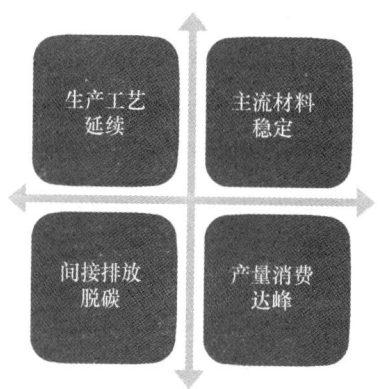

图4-2 优化路径设计前提

2. 新型干法水泥生产工艺仍为主流

我国的新型干法水泥生产工艺是指以悬浮预热和窑外预分解技术为核心的现代水泥制造技术，其最早在20世纪50～70年代出现，大规模使用是从20世纪80年代中后期开始，虽然目前国际上有关于新型光热煅烧水泥等面向碳中和的技术讨论，然而考虑生产线的寿命周期等影响，我们认为新型干法水泥生产工艺仍是未来可预见时期内的主流生产工艺之一。

3. 以石灰石作为主要原料来源的含碳钙基材料仍是未来土木工程使用的主流胶凝材料

未来 LC3、CSA 等低碳水泥品种的开发将逐步形成规模，通过 Al-Si 系胶凝材料替代部分 Ca 质材料也将对后续水泥行业实现碳中和发挥重要的降低过程排放的作用。然而，只要以石灰石作为主要原料来源这一基础不变，碳酸盐分解过程排放的碳减排仍然是一大难题。国内外相关减排路径中对于过程排放减排趋势的预测也是基于此。

4. 高比例可再生能源情境下间接排放按计划实现脱碳

目前，我国电力行业碳排放量居于各行业之首，且煤电占我国发电量比重仍在 60% 以上。能源消费达峰后，随着电气化水平提高，电力需求仍将持续增长，电力行业不仅要承接交通、建筑、工业等领域转移的能源消耗和排放，还要对存量化石能源电力来源进行清洁替代[39]。作为水泥行业间接排放的主要来源，电力行业的脱碳将直接影响水泥行业的碳减排、碳中和进程。同时，实现电气化也是水泥行业实现碳中和的一项重要手段。

扣除水泥余热发电所生产电力外，水泥生产过程由外购电力所带来的间接排放主要影响范围二、范围三的碳减排进程。范围二碳排放占水泥生产总体的排放量比例约 2%，以高比例可再生能源情境作为假设，水泥行业范围二电力使用带来的间接排放通过光伏、风电等可再生能源电力予以替代是近期具备一定实现基础的假设。考虑 2030 年我国可再生能源发电比例将大幅攀升，故将范围二碳排放趋零的预期时间定到这一节点。

水泥行业范围三所声明的碳排放主要以原料获取、运输以及产品运输阶段的碳排放为主。电力带来的间接排放占到了水泥行业范围排放的较大比例。范围三的碳排放趋零将与电力行业脱碳的进度密切相关。考虑电力行业 2040—2050 年初步实现脱碳这一目标，故将范围三实现脱碳的预期时间节点假设定于 2040 年。

📖 延伸阅读：我国能源行业的"零碳"进程

当前，我国能源结构持续优化，2020 年一次能源消费量为 49.8 亿 t 标准煤，煤炭占比下降到 56.8%，同比下降 0.9 个百分点；可再生能源在能源和电力消费中的比例稳步提升，2020 年，可再生能源发电在全社会用电量中比重达到 29.5%，其中非水可再生能源发电占比达到 11.5%[40]。

根据我国"碳达峰、碳中和"目标，2030 年非化石能源在一次能源中的占比要从 20% 提升至 25%，风电、光伏发电累计装机要达到 12 亿 kW 以上，以风电、光伏为主的可再生能源电力电量要大幅增加。

实现碳中和目标，中国能源行业需要在 2050 年左右实现零碳化，目前大部分研究假设虽然有细节区别，但都认同中国应从电力行业的脱碳开始，电力行业要比整个能源行业提前 5~10 年，2040—2050 年左右就要实现近零排放。据国家能源集团科学技术研究院朱法华等人的研究结果表明[41]，碳中和时中国电力装机容量预计可达 64.3 亿 kW（不包括储能容量），非化石能源发电装机容量占比 90.2%，发电量占比 85.3%。电力行业排放 CO_2 将从超过 47 亿 t 下降至 15.21 亿 t，其中火电行业排放 13.18 亿 t。2050 年预期电力行业各类型发电装机容量占比如图 4-3 所示。

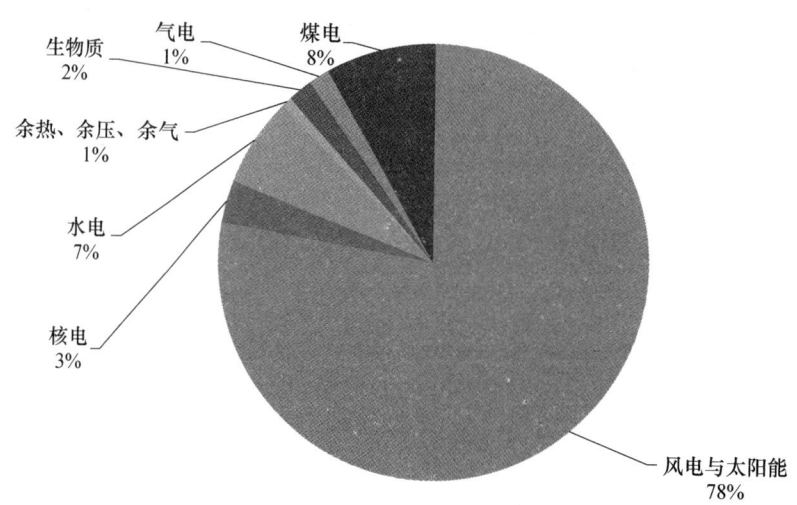

图 4-3　2050 年预期电力行业发电类型装机比例

国有五大发电公司发布的碳减排计划目标见表 4-2。

表 4-2　国有五大发电公司的碳减排计划目标

企业	碳减排目标
华能	到 2025 年新增 80GW 的清洁能源装机，装机占比 50% 以上； 碳排放强度较"十三五"期间下降 20%
中国电投	2023 年实现国内"碳达峰"； 到 2025 年，清洁能源装机占总装机比例提升到 60%，约 132GW； 到 2035 年，清洁能源装机占总装机比例提升到 75%，约 200GW
大唐	到 2025 年非化石能源装机占比超过 50%
国家能投	2023 年实现碳达峰
华电	到 2025 年增加 75GW 可再生能源装机

5. 水泥产量、消费量的达峰与下降

根据中国水泥协会的统计，截至 2020 年，全国共有新型干法水泥生产线 1609 条，比 2019 年减少了 15 条，熟料设计产能 18.4 亿 t，实际运营能力超过 20 亿 t。2020 年，熟料实际产量 15.79 亿 t，按照实际运营能力的产能利用率 77.5%[42]。

我国从 2011 年到 2016 年熟料产能经历高速增长，2016 年后出现小幅回落，"十三五"期间基本稳定在 18.3 亿 t 左右。与此同时，产能利用率始终在 60%~70% 区间，近几年随着行业协同等政策的影响，产能利用率有逐步上升趋势，然而与国外相比亦有明显过剩趋势。

目前我国的水泥行业碳排放总量已经进入平台期，但并非所有省份的水泥行业碳排放量都达到了峰值。我国水泥企业的分布区域广泛，各地区发展阶段的不同，清华大学李明煜等人系统分析省级层面水泥行业碳排放趋势，利用脱钩模型对各省水泥行业达峰情况进行了研判[43]，见表 4-3。

表 4-3 各省水泥行业达峰情况

达峰阶段	峰值年份	省份
已达峰下降（早期达峰）	2006 年	北京、天津、上海、浙江
达峰平台（中期达峰）	2012 年	河北、内蒙古、辽宁、吉林、黑龙江、山东、四川、新疆
初步达峰（晚期达峰）	2014 年	江苏、河南、湖南、海南、陕西、青海
快速增长	—	山西、安徽、福建、江西、湖北、广东、广西、重庆、贵州、云南、甘肃、宁夏

按地区来看，水泥行业的碳排放水平与经济发展高度相关，目前碳排放还在快速增长的省份基本集中在西南、西北地区，也是经济发展较快速的地区；碳排放处于达峰平台或下降的地区基本位于华东、华北、东北等地区，是相对经济较发达或经济发展趋缓的地区（图 4-4）。

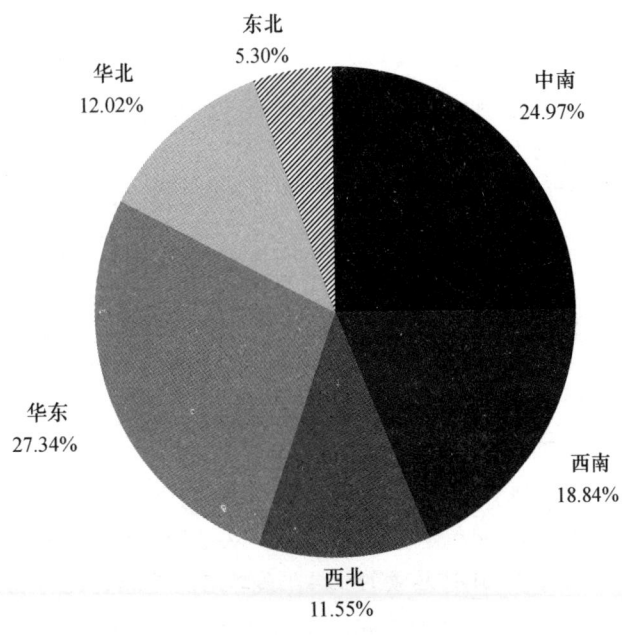

图 4-4 2020 年全国水泥熟料区域分布图

📖 延伸阅读：典型省份的水泥产能与经济总量分布

受运输半径以及资源分布的影响，水泥的生产与销售地域性较强。从东北、华东、西南三个地区挑选具有代表性的省份，对其水泥产能分布情况与经济总量情况进行分析。

广西壮族自治区截至 2020 年底共下辖 14 个地级市，除钦州外，其余 13 个市均有水泥企业。水泥受其运输半径的影响，产品的地域性较强，对资源和市场依赖程度较高。西江流域的贵港市矿山资源丰富，因此产能规模大，南宁则以其市场规模决定了对水泥的需求。目前南宁市和贵港市各有 12 条熟料线，贵港市单日产能最高，约 52500t/d，占到全区单日产能的 20.4%，其次为南宁市 16.9%，玉林市 13.2%，崇左市 10.5%。

对比各地区GDP总量可以发现，2020年贵港市GDP总量约1352.73亿元，占全区GDP总量的6.1%，略低于钦州市，处于中游位置，南宁市的GDP总量约4726.34亿元，占全区的21.3%，排名第一；从经济总量和水泥产能占比来看，贵港、崇左两市的产业结构中水泥处于较重要位置，柳州、桂林等市水泥产业基本已经与经济发展脱钩（表4-4）。

表4-4 广西壮族自治区地级市水泥生产线分布（2020年）

序号	城市	企业数量	生产线数量	产能合计（t/d）	GDP总量（亿元）
1	南宁	7	12	43500	4726.34
2	柳州	5	7	22000	3176.9
3	桂林	2	3	12000	2130.41
4	梧州	1	1	2500	1081.34
5	北海	1	1	5000	1276.91
6	防城港	1	2	10000	732.81
7	贵港	4	12	52500	1352.73
8	玉林	5	7	34000	1761.08
9	百色	3	5	18000	1333.73
10	贺州	1	1	5000	753.95
11	河池	3	4	15500	927.71
12	来宾	2	2	10000	705.72
13	崇左	4	6	27000	809
14	钦州	0	0	0	1388
总数		39	63	257000	22156.69

安徽省共有16个地级市，海螺水泥的大本营芜湖市产能占比最高，占全省的21.7%，其次为铜陵市16.8%，合肥市10.1%。从安徽全省的GDP总量分布来看，省会合肥遥遥领先，占到全省GDP总量的1/4，第二名的芜湖占比为9.7%，水泥大户铜陵GDP占比仅为2.59%。由此可以看出，水泥产业在安徽省内仍是铜陵、芜湖等城市的核心竞争力之一，对于省会合肥来说，基本已经实现了脱钩（表4-5）。

表4-5 安徽省地级市水泥生产线分布（2020年）

序号	城市	企业数量	生产线数量	产能合计（t/d）	GDP总量（亿元）
1	合肥	5	11	47500	10045.72
2	淮北	3	4	15000	1119.1
3	宿州	2	3	15000	2045
4	蚌埠	1	1	5000	2082.7
5	淮南	1	2	5000	1337.2
6	滁州	7	12	45000	3032.1
7	六安	1	1	2500	1669.5

续表

序号	城市	企业数量	生产线数量	产能合计（t/d）	GDP总量（亿元）
8	马鞍山	4	8	30000	2186.9
9	芜湖	9	24	102500	3753.02
10	宣城	7	12	45000	1607.5
11	铜陵	4	16	79000	1003.7
12	池州	2	8	40000	868.9
13	安庆	3	5	22500	2467.7
14	黄山	0	0	0	850.4
15	亳州	0	0	0	1806.01
16	阜阳	0	0	0	2805.2
	总数	49	107	454000	38680.65

黑龙江省目前基本已处于达峰平台期，产业结构趋于稳定。水泥产能基本聚集在哈尔滨、牡丹江、佳木斯三个地区，其中哈尔滨基本占到全省近一半的产能规模，约42.8%。对比经济总量，哈尔滨GDP总量占比约37%，排名第二的大庆市以石油化工为支柱产业，没有水泥产能分布（表4-6）。

表4-6 黑龙江省地级市水泥生产线分布（2020年）

序号	城市	企业数量	生产线数量	产能合计（t/d）	GDP总量（亿元）
1	哈尔滨	7	9	34000	5183.80
2	牡丹江	4	4	10000	831.70
3	佳木斯	2	3	10000	811.80
4	鹤岗	1	1	2500	338.08
5	双鸭山	1	1	4000	499.27
6	鸡西	2	2	5000	572.40
7	伊春	1	2	6500	295.18
8	齐齐哈尔	1	1	2500	1200.40
9	黑河	2	2	5000	614.40
10	大庆	0	0	—	2301.10
11	绥化	0	0	—	1150.20
12	七台河	0	0	—	206.40
	总数	49	107	79500	14004.73

从三个典型省份的分析可以看出，广西、安徽还处于碳排放的快速增长阶段，水泥产能的分布相对分散，有相当比例的城市经济发展对水泥产业依赖程度较高。黑龙江作为老工业基地，近年来经济发展增速放缓，水泥需求基本集中在哈尔滨等重点城市。

在没有新型胶凝材料出现替代现有水泥的情境下，由于大量发展中国家国民经济发展需求，2050 年全球水泥产量将由当前约 42 亿 t 逐渐增长至约 47 亿 t。我国由于基础设施建设的高峰期即将过去，水泥产量、消费量将双降。

目前全球人均水泥消费量水平在 0.4～0.6t 这一水平，当然这一数值在一定程度上也是由于大量发展中国家基础设施建设仍处于快速增长阶段，水泥需求仍有很大空间。

据联合国预测，全球人口在 2030 年预计增长至 86 亿人，2050 年达到 98 亿人。参考中国人口与发展研究中心的预测（队列要素法），我国人口预计在 2026 年达到峰值 14.23 亿人，至 2050 年降至 12.92 亿人，相比 2018 年的 13.95 亿人来说，减少了 1.03 亿人[44]。

随着人口趋势的下降，预计投资需求在"十五五"趋于平缓，对比目前我国的人均水泥消费系数 1.7t，参考已经进入达峰平台期或进入中和期的发达国家人均消费量，结合中国住宅产业以混凝土房屋为主体这一特点，预期我国未来水泥的人均消费量稳定在 0.6～0.8t。

4.2.2 项目层面减排量的测算

1. 确定碳排放的基线与边界

在第 3 章中，对水泥全生命周期的减排路径做了介绍。很多企业在实际生产运行中其实已经通过能效提升等手段实现了碳减排，只不过由于能耗管控直接与企业经营成本挂钩，能够引起企业足够重视，而碳排放除了个别碳交易试点省份外，大部分地区的企业对相关技术的减排效果不够重视，相应技术减排量的测算工作也不够系统。

在第 2 章中，对于基于项目的碳排放量核算方法已经做了介绍。基于特定技术或项目所开展的碳减排潜力的测算，主要目的是支持企业自下而上的对碳排放降低的潜力进行评估，从而支持行业、国家碳减排目标的实现。企业为了科学地制定碳减排路径，对于各类碳减排技术而言，应首先对其减排潜力进行评估，并跟踪项目实施的减排效果。这一工作的起点是首先确定在企业没有实施相应减排技术的情况下可能会发生的碳排放和碳减排的定量参考值，它为与实施碳减排项目的比较提供基准线情境。此外，对于水泥企业来说，范围一直接排放即化石燃料燃烧以及碳酸盐分解过程排放的减排直接作用于企业自身，范围二与范围三的电力等间接排放的减排效应则与企业的价值链共享，在推进碳减排项目时应注意边界的识别。

2. 基于项目的碳减排量化核算方法

WRI 发布的《温室气体核算体系项目量化方法》（The GHG Protocol for Project Accounting）以及《项目层面温室气体减排和清除增加的量化、监测和报告技术规范》（ISO 14064-2）（Greenhouse gases —Part 2：Specification with guidance at the project level for quantification, monitoring and reporting of greenhouse gas emission reductions or removal enhancements）是目前国际上对基于典型减排项目进行碳排放量测算的标准。图 4-5 是 ISO 14064-2 中对碳减排项目开展流程的示意图，项目周期一般分为两个主要阶段：规划阶段和实施阶段。

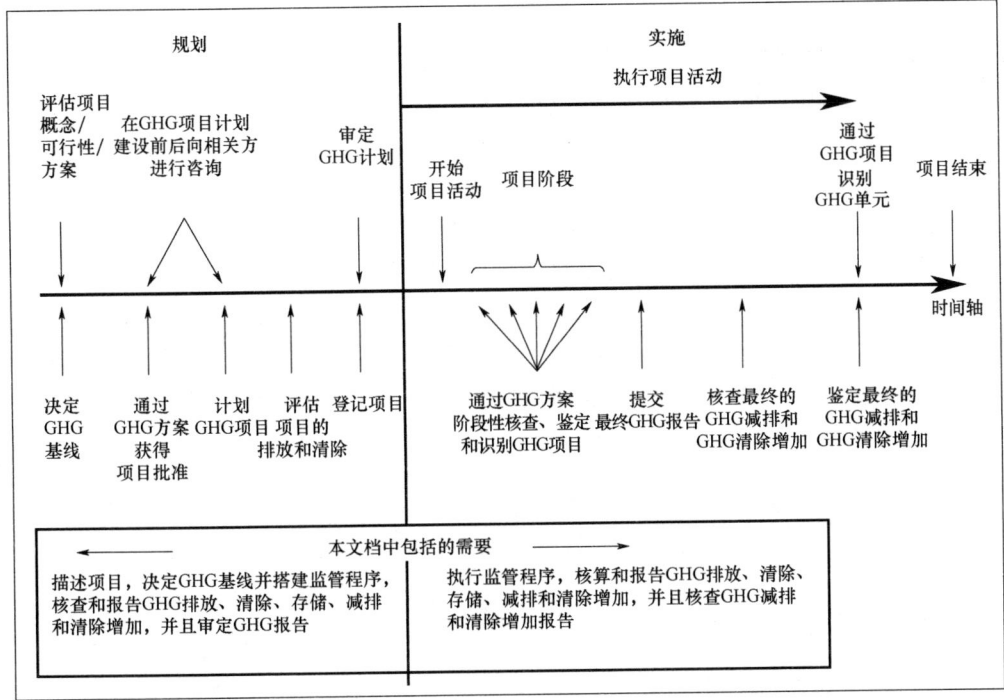

图 4-5 典型碳减排项目实施流程

规划阶段的主要工作内容包括：

（1）描述项目；

（2）确定和选择项目相关的 GHG 源、汇和库；

（3）确定基准线情境，并确定和选择与之相关的 GHG 源、汇和库；

（4）制定量化、检测和报告 GHG 排放、清除、减排和清除增加的程序。

实施阶段的主要工作内容包括：

（1）定期数据质量管理；

（2）监控；

（3）量化和报告项目和 GHG 基线中的 GHG 排放和清除量；

（4）量化和报告 GHG 排放减少和清除增加。

GHG 项目可由特定活动（例如安装、实施、参与或以其他方式开始运营的行动）启动，并可以特定终止活动（例如完成、关闭、报废或以其他方式正式终止项目的行动）结束。根据 GHG 执行实施过程中监测和收集的实际数据和信息，可以验证量化的温室气体排放、清除、减排和清除增加。

国家标准《基于项目的温室气体减排量评估技术规范 通用要求》（GB/T 33760—2017）是我国发布的首个项目温室气体减排量化的标准，《基于项目的温室气体减排量评估技术规范 生产水泥熟料的原料替代项目》（GB/T 33756—2017）则是水泥行业目前唯一一项项目减排量化标准。

4.2.3 水泥行业碳达峰、碳减排的基本路线图

1. 关键阶段的划分

由于国家层面的"碳达峰碳中和"行动方案与政策规划尚未正式出台，我们结合中国建筑材料联合会发布的《推进建筑材料行业碳达峰、碳中和行动倡议书》以及中国水泥协会发布的相关计划，可以简单勾勒出几个相对明确的时间节点。从水泥行业的碳排放趋势上可以划分为达峰平台期（近期）、快速减排期（中期）和中和期（远期）几个阶段。达峰平台期是碳排放达峰后区域稳定的一段时期，主要技术没有明显的跨越式发展，碳排放量的稳定主要由于需求与供给的平衡引起。快速减排期是在需求相对平稳，技术发展取得一定突破后，低碳技术大范围应用所带来的一段碳排放强度快速下降的时期（到2040年前后）。由于技术发展与低碳新材料发展的不确定性增大，预期水泥行业的碳排放此后将进入逐步中和的阶段（图4-6）。

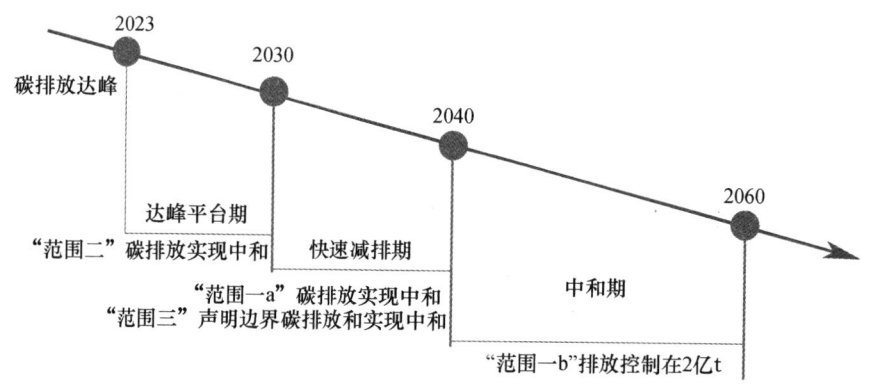

图4-6 水泥行业碳达峰、碳减排与碳中和基本路线图

2. 近期优化路径

从"十四五"到"十五五"前期是水泥行业碳排放量达峰的平台期。这一时期行业总体碳排放量下降趋势不明显，主要以供给侧的产能、产量控制为主要控制手段。产业结构调整结合能源结构的调整，将有效抑制发展高耗能产业的冲击，有效实现节能减排，再加上技术进步、管理节能、文化理念等举措的提升，是达峰平台期的主要控排手段。2030年前中西部地区应争取保持水泥产能总量稳定，从碳排放总量上控制确保达峰；东部、东北地区重点关注通过提高热效率、能效等较为成熟的节能技术实现碳排放强度的下降。

效率提升是近期水泥行业碳减排的主旋律，从减排成本角度考虑，节能降碳相互耦合的技术也是技术经济性最优的选择。主要减排措施包括提升现有回转窑热效率、提高余热发电效率、使用清洁电力、能效提升及智能化改造等主要途径。

• 热效率提升：主要包括采用富氧/全氧燃烧降低原煤用量，加快烧成反应，提高热效率；采用六级预热器、低阻高效分解炉、高效熟料篦冷机、燃烧系统改进技术（如多通道高效燃烧器等），潜力有20~50kgCO_2/t水泥。

• 余热利用：现有的余热发电技术循环热效率低，可深度利用余热提升热能利用效率，潜力有15~20kgCO_2/t熟料。

- 清洁电力：通过光伏、风电等可再生能源发电替代外购电力，潜力有 10～13kgCO$_2$/t 水泥。
- 能效提升：工艺管道低风阻设计，高效风机，节能粉磨技术，潜力有 6～10kgCO$_2$/t 水泥。
- 智能化改造：专家操作优化系统、能效管理系统等，潜力有 5～10kgCO$_2$/t 熟料。

3. 中期优化路径

2030—2040 年，随着能源行业脱碳进程加快，碳排放进入快速下降期，这一时期的碳排放下降需要由水泥总量的下降与碳排放强度的下降双管齐下。快速减排期的最主要特征是一次能源的全面替代，即燃料替代率快速上升。企业努力实现范围一化石燃料燃烧排放的趋零是中期优化路径中的关键里程碑。此外，在电力行业实现大比例清洁化的前提下，水泥行业通过电气化改造将使得范围二、范围三间接排放的趋零成为可能。

燃料替代率的提高依托于高热值垃圾协同处置、生物质燃料利用等技术，同时需考虑氢能、光热煅烧等前沿技术的开发潜力，东部发达地区垃圾分类相对成熟，技术储备较丰富，建议率先开展相应试点。

中期优化路径需要在 2030 年达峰期强度基础上实现快速下降。主要减排措施包括提高燃料替代比例、推进电气化改造、原料替代、降低水泥中熟料系数、开发低碳水泥等途径。

- 燃料替代：采用高热值垃圾衍生燃料、氢能、生物质能源（直接燃烧与生物质气化）等燃料替代技术实现对煤炭的替代，有效降低碳排放 80～140kgCO$_2$/t 水泥。对于 2040 年实现范围一碳排放趋零这一目标，考虑结合末端捕集等技术实现。
- 电气化：电气化是水泥行业范围二、范围三碳排放趋零的主要途径。这一结论需要在电力行业初步实现脱碳的基础上实现。以核电、水电、风电、光电和生物质能等清洁可再生能源替代一次能源，实现发电环节的脱碳，将为水泥行业带来 70～100kgCO$_2$/t 的减排潜力。
- 原料替代：替代天然碳酸盐矿石原料的非碳酸盐工业废弃物，主要为工业废渣、经过高温煅烧废渣或明确不含碳酸钙或碳酸镁的原料。减碳潜力 8～10kgCO$_2$/t。
- 熟料系数：通过采用超细粉磨＋分别粉磨等技术有效降低水泥中熟料系数，预计到 2040 年熟料系数控制在 62.5% 左右。减碳潜力 80～100kgCO$_2$/t。
- 低碳水泥：通过改变水泥矿物组成，采用低钙（CaO 含量＜55%；提高 CaSO$_4$ 来源比例）水泥基材料代替现行高钙（CaO 含量＞60%，来源于 CaCO$_3$）水泥基材料。包括开发贝利特水泥（HBC）、硫铝酸盐水泥（CSA）、高贝利特硫铝酸盐水泥（HB-CSA）、石灰烧结黏土水泥（LC3）等，由低碳水泥产品所贡献的减排潜力预期不低于 40～70kgCO$_2$/t 熟料。

4. 远期优化路径

以 2040 年开始水泥行业进入碳中和期，从发展趋势来看，远期预测的不确定性较高，因此仅作为参考。碳中和期主要解决的是范围一碳酸盐分解造成的过程排放问题。这部分碳排放强度的下降空间已经非常有限，需要依靠新的低碳技术、低碳产品的出现结合碳捕集、封存等兜底技术来最终实现中和目标。

由于本章未对新技术、新产品的发展与应用趋势做过多研究，因此远期优化路径暂时不考虑突破性技术的出现所带来的碳排放强度下降可能。基于现有假设，在水泥行业的全面碳中和阶段，结合对技术经济性的判断，水泥企业的边际减排成本将持续升高。技术路径主要包括通过BECCS等负碳技术实现主动减排，中和阶段需要结合CCUS等碳捕集、利用与封存技术进行兜底，同时需要考虑行业间碳汇、协同等手段对剩余CO_2进行中和。

• BECCS技术：生物能源与碳捕集和储存（BECCS）技术是指将生物质直接燃烧或气化过程中产生的CO_2进行捕集和封存，从而实现捕集的CO_2与大气的长期隔离。由于生物质本身通常被认为是零碳排放，即生物质燃烧或转化产生的CO_2与其在生长过程吸收的CO_2相当，因此其封存的CO_2在扣除相关过程中的额外排放之后就成为负排放的CO_2。考虑到作为水泥行业远期减排技术的减排量占比为10%~20%。

• CCUS技术：碳捕集利用与封存（CCUS Carbon Capture, Utilization and Storage）技术是指将二氧化碳从排放源中分离后直接加以利用或封存，以实现CO_2减排的技术过程（图4-7）。

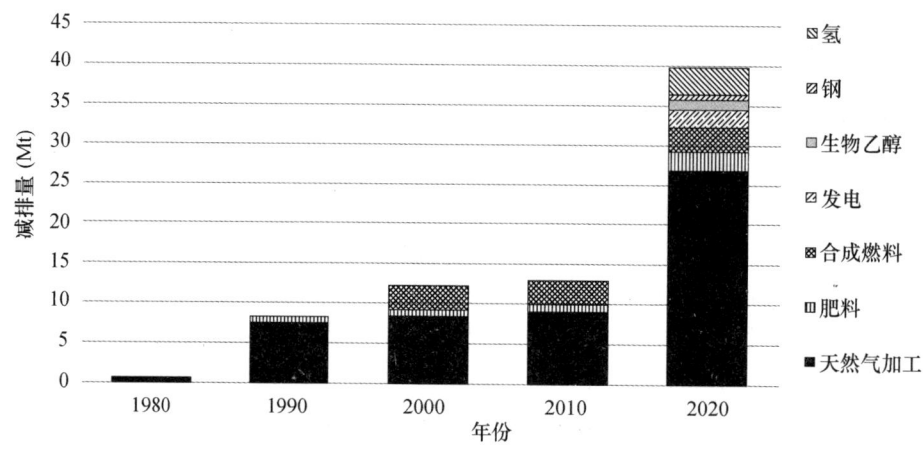

图4-7　国际上大规模CCUS设施应用领域[45]

作为目前唯一能够实现化石能源大规模低碳化利用的减排技术，CCUS是我国实现2060年碳中和目标技术组合的重要构成部分。根据IEA的统计，全球近10年间CCUS设施呈快速增长趋势，不过大部分应用于天然气开采等成熟领域。考虑技术成熟度，对于水泥行业减碳路径的研究没有在近期、中期将CCUS作为推荐的技术估算减排潜力。预期在中和期CCUS技术能够贡献10%左右强度的减排潜力。

4.3　企业设定碳减排目标的关键步骤

企业设定碳减排目标是有效开展温室气体管理的要求，就像健全的企业战略要求设定营业收入目标及其他核心经营指标的目标一样，碳排放目标的设定是实际推动企业减排的规划工具。WRI《企业温室气体核算体系》中对设定温室气体目标一共划分了10个步骤，对企业来说最为关键的是确定目标类型、确定目标边界、选择基准年、设定目标的承诺期这四个步骤。

📖 **延伸阅读：设定碳减排目标的关键步骤**

• 确定目标类型：SBTi 提供了三种目标类型，《企业温室气体核算体系》中则提供了绝对目标和强度目标两个选项。参考国外水泥企业所提出的减排目标，可以看出大部分企业在设定绝对目标时通常以一段时间内排入大气的 CO_2 减少量百分比表示，较少提出绝对量值目标；强度目标是水泥企业使用较多的目标类型，通常以单位水泥碳排放量减少量值表示。

• 确定目标边界：目标边界规定了目标所涵盖的温室气体、运营地区、排放源和活动。目标边界可以与排放清单边界相同，也可以只规定排放清单边界以内的特定排放源子集。比较典型的是很多水泥企业对范围一和范围二的减排目标进行了规定，对范围三价值链排放由于数据获取难度大则不设定具体减排目标。

• 选择基准年：包括固定的目标基准年或滚动的目标基准年两个选项。多数温室气体减排目标被界定为低于某一固定目标基准年的比例，如海德堡水泥所提出的 2030 年实现水泥碳排放强度较 1990 年下降 33%。滚动基准年则将目标每隔一定时间（通常是一年）向前滚动。当企业的组织结构变化或测量和计算方法的变化导致排放特征改变时，基准年排放量需要重新进行计算。

• 设定目标的承诺期：目标承诺期是实际对照目标衡量排放绩效的期间，在目标完成日结束。以各国、各行业部门所设定的减排目标与路径出发，设定相应减排绩效达成的时间节点。

4.4 企业环境信息的披露

随着"碳达峰、碳中和"目标的提出，社会各界对于企业气候变化信息的基础数据需求不断增长，同时对于企业披露其环境信息的诉求也愈发强烈。生态环境部于 2021 年底正式印发了《企业环境信息依法披露管理办法》，作为我国出台的首个全国性强制环境信息披露要求，将对各行业产生深远影响。

从企业社会责任报告（CSR 报告）发布到近年来金融投资领域快速发展的 ESG 评级，对于大型企业以及上市公司等主体，环境信息的披露早已经成为企业经营活动中的重要组成部分。英国的 CDP 全球环境信息研究中心（CDP Worldwide）早在 2000 年即开始在全球范围内推动碳信息披露项目，用以帮助投资者和采购方获取相关决策信息。根据 2021 年 CDP 发布的报告显示，2020 年共有来自 12 个行业的 65 家中国上市企业回复了其发出的调查问卷，较 2019 年增长 35.4%[46]。信息披露的行业范围与企业数量近年来均呈现快速增长趋势，侧面反映了企业对于应对气候变化和规范信息管理意识的不断提升。

📖 **延伸阅读：什么是 ESG？**

ESG 反映企业发展过程中对环境、社会与公司治理三方面的责任。近年来，企业 ESG 绩效逐渐成为各国政府、监管机构和投资者关注的重点。ESG 体系通常包括披露原则、绩效评级、投资指引三部分[47]。其中披露原则由权威的国际组织及政府机构发布。如联合国责任投资原则（PRI）和全球报告倡议组织的可持续发展报告指引是全球范围内使用较广的ESG框架。目前全球ESG评级机构超过600家，包括评级公司和非营利团体，其中以明晟（MSCI）、彭博（Bloomberg）、恒生（HSSUS）及碳信息披露项目（CDP）等最具影响力。

我国ESG评级总体起步较晚，尚未针对ESG体系出台具体的法律法规。目前，国务院国资委已经将ESG纳入推动企业履行社会责任的重点工作，要求国有中央企业、地方企业在ESG体系建设中发挥表率作用。

5 水泥行业碳交易实践

> 我国自2012年开始陆续在7个地区开展碳排放权交易试点工作，2021年7月全国碳排放权交易市场正式启动，发电行业率先纳入。水泥行业是碳市场纳入的八大重点行业之一，截至2019年共有171家水泥企业参与试点地区碳市场，非试点地区的水泥企业也普遍定期接受主管部门的碳排放核查。作为有效调节社会减排成本，促进企业落实减排目标的市场化手段，碳交易将在"碳达峰碳中和"进程中发挥关键作用。本章系统介绍各试点地区水泥行业碳交易规则，并基于实践分析了水泥企业的应对措施。

5.1 全球碳交易市场建设情况

目前全球已有约20个国家或地区（组织）建立了碳交易体系，我国自2012年开始，在北京、上海、天津、深圳、广东、重庆和湖北7个试点地区及福建省开展碳交易工作。2021年7月，全国碳市场正式启动，发电行业率先纳入（表5-1）。

表5-1 全球碳交易市场发展情况

国家或组织	碳交易发展情况
中国	发电行业全国碳市场2021年率先启动； 北京、重庆、福建、广东、湖北、上海、深圳、天津开展碳交易试点； 台湾计划开展碳交易体系
日本	埼玉县、东京已开展碳交易体系
韩国	2019年实施了首次定期配额拍卖
泰国	考虑开展碳交易体系
越南	考虑开展碳交易体系
印度尼西亚	考虑开展碳交易体系
巴基斯坦	考虑开展碳交易体系
哈萨克斯坦	已开展碳交易体系
新西兰	决定进一步改革碳交易体系，包括从2021年起逐步减少工业部门免费配额
土耳其	考虑开展碳交易体系
乌克兰	计划开展碳交易体系

续表

国家或组织	碳交易发展情况
德国	于2021年1月1日启动碳交易，涵盖所有不受欧盟碳排放交易系统监管的燃料排放（主要是供暖和道路运输领域）。作为对欧盟碳排放交易体系的补充，该体系最初将实行固定碳价，随后逐年上涨
英国	碳排放交易系统于2021年1月1日开始运行
瑞士	2020年9月，欧盟碳排放交易体系和瑞士碳排放交易体系注册中心之间建立了临时联系，允许两个系统之间进行配额转移； 2021年1月瑞士修订后的《二氧化碳排放法案》生效
欧盟	2021年修订后的《欧盟碳排放交易指令》生效，概述了第四个交易阶段（2021—2030年）的政策框架
巴西	考虑开展碳交易体系
哥伦比亚	计划开展碳交易体系
智利	考虑开展碳交易体系
墨西哥	2020年1月，碳排放交易试点启动，该体系涵盖能源和工业部门的CO_2直接排放，占全国排放总量的37%
北美（美国＋加拿大）	区域温室气体倡议（RGGI）：新泽西州于2019年通过碳排放交易体系立法，并于2020年初重新加入区域温室气体倡议。加入该倡议的州有：康涅狄格州、特拉华州、缅因州、马里兰州、马萨诸塞州、新罕布什尔州、纽约州、新泽西州、罗德岛州、佛蒙特州。 交通和气候倡议（TCI）：参加美国东海岸交通和气候倡议的一些司法管辖区发布框架草案，介绍了区域交通运输行业碳排放交易体系的基本设计特点，该体系拟于2022年开始运行。参与该倡议的州有：康涅狄格州、新泽西州、特拉华州、宾夕法尼亚州、缅因州、罗德岛州、马里兰州、佛蒙特州、马萨诸塞州、佛吉尼亚州、新罕布什尔州、华盛顿特区、纽约州。 魁北克省：正在制定2024—2030年配额免责分配改革投案。 华盛顿州、俄勒冈州、新墨西哥州、北卡罗莱州、新泽西州考虑开展碳交易体系。 弗吉尼亚州、宾夕法尼亚州计划开展碳交易体系。 加利福尼亚州、马萨诸塞州、新斯科舍省已开展碳交易体系

5.2 中国碳交易市场建设情况

2016年10月，国务院印发《"十三五"控制温室气体排放工作方案》（国发〔2016〕61号），在"建设和运行全国碳排放权交易市场"部分提出"建立全国碳排放权交易制度，启动运行全国碳排放权交易市场，强化全国碳排放权交易基础支撑能力"。

2016年1月国家发展改革委发布的《国家发展改革委办公厅关于切实做好全国碳排放权交易市场启动重点工作的通知》（发改办气候〔2016〕57号）是我国碳交易市场建设前期最主要的政策性文件。其中提出国家、地方、企业上下联动、协同推进全国碳排放权交易市场建设，确保2017年启动全国碳排放权交易，实施碳排放权交易制度的工作目标。文件明确了四个方面的工作内容：提出拟纳入全国碳排放权交易体系的企业名单；对拟纳入企业的历史碳排放进行核算、报告与核查；培育和遴选第三方核查机构及人员以及强化能力建设（图5-1）。

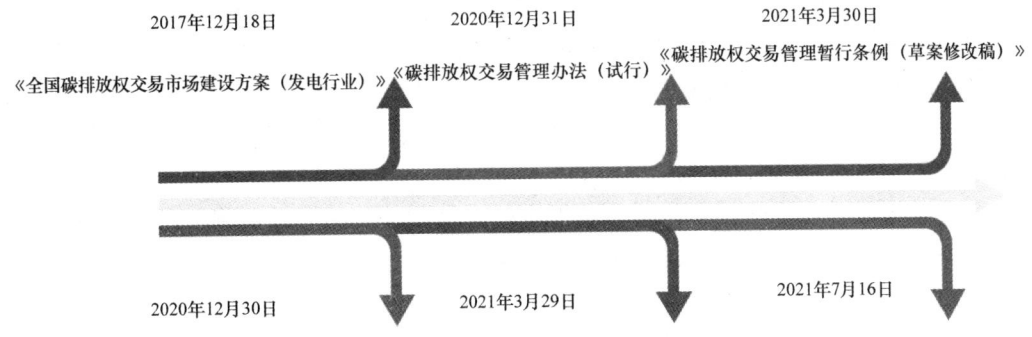

图 5-1　全国碳市场建设的关键节点

2017 年 12 月，国家发展改革委印发了《全国碳排放权交易市场建设方案（发电行业）》的通知（发改气候规〔2017〕2191 号），明确了以发电行业为突破口，率先启动全国碳排放交易体系，标志着我国碳排放交易体系完成了总体设计并正式启动。

2020 年 12 月，生态环境部连续发布了两项重磅通知：一是正式印发了《碳排放权交易管理办法（试行）》（生态环境部部令 19 号），并于 2021 年 2 月 1 日起施行。《管理办法》作为全国碳市场初期运行的指导性文件，正式印发标志着全国碳市场的建设和发展进入全新的阶段。二是发布了"关于印发《2019—2020 年全国碳排放权交易配额总量设定与分配实施方案（发电行业）》《纳入 2019—2020 年全国碳排放权交易配额管理的重点排放单位名单》并做好发电行业配额预分配工作的通知（国环规气候〔2020〕3 号）"，该通知是全国碳市场正式印发的首个核心规则，其中对于实施方案、企业名单、数据填报要求三方面内容进行了明确，解决了配额发给谁、发多少、如何发的问题，使得配额分配更具操作性，全力支撑碳市场启动。

2021 年 3 月，生态环境部印发《企业温室气体排放报告核查指南（试行）》（环办气候函〔2021〕130 号）、《关于加强企业温室气体排放报告管理相关工作的通知》（环办气候〔2021〕9 号）和《企业温室气体排放核算方法与报告指南 发电设施》，强化温室气体排放核算与核查的流程管控。

2021 年 3 月 30 日，生态环境部发布《关于公开征求〈碳排放权交易管理暂行条例（草案修改稿）〉意见的通知》（简称《暂行条例草案》），公开就《暂行条例草案》征集意见。《暂行条例草案》的立法层级为"行政法规"，高于《碳排放权交易管理办法（试行）》的立法层级"部门规章"，《碳排放权交易管理暂行条例（草案修改稿）》经修改并审议通过后，将构成碳排放交易相关规章等的制定依据及纲领。与《管理办法》相比，《暂行条例草案》突出强调了坚持"政府引导"的基本原则，明确了职责分工，完善具体规则，加强风险防控。相比于《管理办法》，《暂行条例草案》细化了追责情形，加大了处罚力度。

2021 年 7 月 16 日，全国碳市场上线交易启动仪式正式举行。作为首批试点企业，2225 家电力行业（纯发电和热电联产）企业获准参与交易。

《碳排放权交易管理暂行条例（草案修改稿）》中提到排放配额是政府分配的碳排放权的凭证和载体。1 个配额代表持有的重点排放单位被允许向大气中排放 $1tCO_2$ 当量的温室气体的权利。水泥企业碳排放配额指以水泥熟料生产为主营业务的企业法人的所有熟料生产工段以及协同处置废弃物所导致的化石燃料燃烧、碳酸盐分解、电力消费和热力消费所对应的 CO_2 排放限额。

全国碳市场基本框架要素包括核算报告核查机制、配额管理机制、市场交易机制、遵约机制。配额管理机制和市场交易机制的核心在于配额分配方案。

据统计，截至 2019 年，水泥行业共有 171 家水泥企业参与试点地区碳市场，覆盖熟料产量约为 2.9 亿 t，约占全国水泥总产量的 19%，排放量合计约 2.4 亿 t。

目前试点碳市场水泥行业配额分配方案基本为以碳排放强度约束为主的基准线法。单位产品的碳排放量优于基准线水平，生产的产品越多，获得的配额就越大；达不到基准线水平的企业则需要加大投资，让单位产品的碳排放量满足基准线要求，否则每生产一个产品，都要向市场购买碳排放权，或者只能退出市场（表 5-2）。

表 5-2 试点地区水泥企业分布情况及配额分配方法汇总

地区	产量（t）	碳排放量（万 t CO_2）	企业数量（家）	配额分配方法
北京	256	227	2	基准线法
广东	10669	9251	59	基准线法
湖北	6827	5697	48	标杆法
重庆	5473	4700	32	配额总量控制
天津	74	64	1	历史强度法
福建	5412	4549	29	基准线法

注：上海、深圳无水泥企业。

延伸阅读：试点省市水泥行业碳交易市场运行情况

北京市

北京市目前还在运转的水泥企业有两家，企业需在严格控制碳排放总量前提下，按照北京市碳排放权交易试点相关规定履行年度控制 CO_2 排放责任，参与碳排放交易相关工作。

北京市采用逐年免费分配配额的机制，水泥行业将根据其履约年度经核查确认的实际生产量或服务量等生产经营数据，按照"多退少补"原则，予以调整配额。同时北京市预留不超过年度配额总量的 5% 用于定期拍卖和临时拍卖。

2020 年度，水泥制造行业重点碳排放单位 CO_2 配额总量（T）采用基准线法核定，包括熟料生产配额（A_C）和废弃物协同处置配额（A_W）两部分，计量单位为吨。计算方法为：

$$T = A_C + A_W$$

其中：$A_C = Q_c \times B_c$，$A_W = Q_w \times B_w$。Q_c 和 Q_w 为水泥制造企业活动水平，分别为熟料生产量（t）和废弃物协同处置量（t）。B_c 和 B_w 分别为熟料生产和废弃物协同处置 CO_2 排放基准值。

广东省

2021年广东省碳排放配额实行部分免费发放和部分有偿发放,水泥企业的免费配额比例为96%,广东省一共有约61家水泥企业参与了试点碳交易。

广东省水泥企业配额分配按照生产工序分为四个部分:熟料生产、水泥粉磨、矿山开采和其他粉磨(除水泥外的其他粉磨产品,例如微粉等),配额为本企业各生产工序配额之和。熟料生产、水泥粉磨采用基准线法分配,其他粉磨采用历史强度法分配,矿山开采采用历史排放法分配。计算公式为:

企业配额=熟料生产配额+水泥粉磨配额+矿山开采配额+其他粉磨配额

$$熟料生产配额 = \sum_{i=1}^{n}(熟料生产线产量 \times 同类型生产线基准值 \times 年度下降系数)$$

水泥粉磨配额=水泥粉磨产量×水泥粉磨基准值×年度下降系数

矿山开采配额=矿山开采历史年均碳排放量×年度下降系数

$$其他粉磨配额 = \sum_{i=1}^{n}(其他粉磨历史年均碳排放强度 \times 其他粉磨产品产量 \times 年度下降系数)$$

其中n为其他粉磨产品类别数量。

湖北省

湖北省共有48家水泥企业参与试点地区碳交易。2020年度水泥企业采用标杆法计算配额,标杆值采用湖北2019年位于第40%位水泥企业的单位熟料碳排放量,即0.7784 tCO_2/tcl。水泥企业配额分配的核算边界从原燃材料进入生厂区均化开始,包括水泥原燃料及生料制备、熟料烧成、熟料到熟料库为止,不包括厂区辅助生产系统以及附属生产系统。

重庆市

重庆市共有约32家水泥企业参与试点地区碳交易。重庆市配额分配按照实行总量控制。以配额管理单位既有产能2008—2012年最高年度排放量之和作为基准配额总量,2015年前,按逐年下降4.13%确定年度配额总量控制上限,2015年后根据国家下达的碳排放下降目标确定。

天津市

2020年度天津市碳排放权交易试点纳入企业共104家,其中包含1家水泥企业,采用历史强度法分配配额。

天津市建材行业企业配额=2020年产品产量×2019年单位产品CO_2排放量×控排系数

其中建材行业控排系数为0.98。因启用新增生产设施产生排放的纳入企业,该部分碳排放量不计入当年的履约排放量,也不再发放新增设施配额。

采用历史排放法分配配额的企业或新增设施,若基准年生产不足6个月,履约年正常生产,可以提出申请采用历史强度法分配配额。

福建省

福建省碳排放报告与核查范围为石化、化工、建材、钢铁、有色、造纸、电力、航空、陶瓷9个重点排放行业,2013—2020年任一年综合能源消费量达1万t标准煤(温室气体排放量约2.6万t CO_2当量)及以上的企业或其他经济组织。共有29家水泥企业参与了福建省碳交易。

福建省采用基准线法分配配额，重点排放单位配额（A）＝行业基准值（B）×产量（Q）。覆盖范围包括熟料生产工段和水泥粉磨工段所产生的 CO_2 排放。计算方法为：

$$A = B_{熟料} \times Q_{熟料} + B_{粉磨} \times Q_{水泥}$$

其中，$B_{熟料}$ 和 $B_{粉磨}$ 代表熟料生产工段和水泥粉磨工段的 CO_2 排放基准值；$Q_{熟料}$ 和 $Q_{水泥}$ 分别代表熟料和水泥的产量。

5.3 碳交易背景下水泥企业的应对策略

5.3.1 碳交易对水泥企业生产经营的影响

1. 对生产经营成本的影响

根据碳市场的发展经验，碳交易政策的实施短期内将增加水泥企业的生产经营成本。配额分配一般都是从初期的免费分配逐渐过渡到拍卖等有偿分配。因此，未来随着拍卖等有偿分配方式使用范围的扩大，同时，部分水泥企业因为配额短缺，需要额外资金购买配额，水泥企业的生产经营成本也将随之上升。在不考虑通过碳市场抵消机制履约的前提下，企业碳排放成本计算如下所示：

企业碳排放成本＝（碳排放量－碳配额量）×碳配额价格

若企业年度排放量小于配额量，则企业可以通过配额出售带来额外收益。若企业年度排放量大于配额量，则企业需要通过购买配额完成履约，造成经营成本增加。此外，企业可根据国家控制温室气体排放目标结合企业自身情况，制订企业碳排放管理方案，通过精细化管理降低企业生产和经营成本，实现效益最大化。

2. 对管理成本的影响

碳交易背景下，配额分配、碳排放核算报告与核查将成为企业的一项常规性工作，碳排放相关数据的监测也将成为企业的日常工作。数据管理基础较好的发电企业，可基于现有的数据管理人员、制度和信息化基础，建立企业碳排放数据管理体系；而对于数据管理基础较差的企业，为避免在碳市场中处于不利地位，必须加大人力、物力投入，逐步建立、完善自身的数据管理体系。无论对于先进企业还是落后企业，碳市场的建立势必增加企业在管理方面的成本投入。

3. 人力资源成本的影响

按照碳交易试点履约规则，水泥企业需要承担的工作至少包括排放量的统计核算、报送、配合第三方核查机构核查、管理配额账户、负责企业合规流程等。对于以上这些工作，从优化管理而言，水泥企业需要设置、培养专人专岗来负责。若要主动参与碳市场交易，还需要引进专业的金融人员来负责制定碳交易的策略，进行碳市场操作，并对碳资产进行保值增值的管理，控制碳资产经营管理风险。专业化人员的配备与培养能够有效提升水泥企业的碳管理水平，确保水泥企业在完成履约义务的同时尽可能地降低碳成本、提高碳收益，控制碳风险，对于控排企业是有利且必需的。

4. 交易成本的影响

碳市场要求场内交易和场外交易都必须通过指定的交易所进行交易结算，因此水泥企业通过碳市场进行配额和国家核证自愿减排量（CCER）的买卖需要产生必要的交易费用，包括开户费、会员费、年费和交易手续费。

在碳交易初期，各交易所对控排企业的年费或会员费有减免措施或优惠措施，但随着碳市场的实施推进，年费或会员费将成为控排企业交易成本中的重要部分。交易手续费对控排企业交易成本的影响主要取决于控排企业进行碳市场交易操作的频率、交易量、交易价格。水泥企业需依据对碳排放权交易市场交易量价走势的准确判断，制定合理的碳交易策略，灵活应用场内交易、场外交易方式，有效降低含交易手续费在内的交易成本。由于水泥企业的交易量一般较大，因此采用场外大宗交易方式通常能够更有效地减少控排企业的交易手续费，降低交易成本。

5. 对生产计划和用能结构的影响

随着我国发展方式的转变以及碳交易政策的实施，水泥行业企业将受到更为严格的"碳约束"。国家碳市场的运行将导致控排企业必须为使用碳排放权这一稀缺环境资源而承担相应的费用，反映碳排放成本的价格信号已经基本形成，碳排放成本这一价格信号将成为影响控排企业决策制定的重要因素之一。

对于水泥行业来说，随着碳交易的深入推进，企业将根据碳市场的发展进行适应性调节，并重点结合自身碳排放配额与碳市场价格制订合理的生产计划。水泥企业的生产计划应逐步考虑碳市场的发展及交易情况。

5.3.2 企业的应对策略

1. 推进管理机制的变革

（1）管理协同机制要求

水泥企业参与碳市场需要进行排放报送、核查、交易、履约等一系列工作，涉及生产、设备、环保、财务、法务等多个部门。很多水泥企业原有的传统管理机制缺少部门联动，容易导致企业管理成本增加、管理效率降低，甚至出现管理混乱等问题，导致延误履约清缴而受到行政处罚或者经济处罚。

在全国碳市场的大背景下，为积极落实全国碳排放权交易机制的履约义务，水泥企业必须推动碳排放管理工作常态化，建立自己的碳排放管理团队和协调机制，加强碳排放管理工作的组织领导及管理协调，统筹指导和监督各部门落实相关工作，以规范碳排放管理及工作流程，提升管理水平。

（2）岗位职能要求

水泥企业在核算排放量环节需要开展的工作主要包括统计和管理能源消耗量、排放因子检测核算、排放量核算、配合第三方机构核查、填报排放量、管理配额账户、按期完成履约操作、负责企业合规流程等。水泥企业在交易环节需要开展的工作包括制订正确的交易策略、预测企业碳排放量、碳市场价格走势分析、配额场内场外交易等，因此碳交易对水泥企业提出了全新的职能要求。水泥企业需要重视低碳能力建设，根据员工的教育背景、技能和经历，并结合其工作岗位的职责，对碳排放权管理的内容、重要性进行培训，使其掌握足够的胜任岗位所应具备的碳排放权管理能力。例如，排放量报送部门需要掌握正确的温室气体核算与核查的基础理论和方法，摸清"碳"家底，同时为配合核查工作做好必要的能力储备。

(3) 绩效考核机制要求

在传统的集团内部考核与企业自评中，财务水平是重要的考核指标。在国家经济新常态转型与低碳发展的大趋势下，水泥企业碳排放水平是企业面临的一项重要任务；碳排放权分配对企业的影响不容忽视。因此，水泥企业目标责任考核体系中，在继续强化生产经营管理工作的基础上，碳排放管理目标与指标也将成为企业绩效考核机制中的重要内容。

2. 推动技术创新

在"碳达峰、碳中和"背景下，碳市场是合理配置碳排放这一环境资源，降低碳排放成本的有效手段，低碳技术的创新仍是控排企业降低履约成本，增强市场竞争力的根本途径。本书也具体对水泥生产全生命周期的碳减排技术进行了介绍，由于碳交易主要关注的是企业运营边界内即范围一与范围二的碳排放量，因此在保证水泥企业发展的前提下，控制运营边界的碳排放量将是水泥企业应对碳市场所需破解的难题。

3. 加强能力建设

碳管理工作的有效落实，需要通过水泥企业内部低碳能力建设系统推进岗位人员碳管理业务能力的规范化、专业化、系统化的培养，提升碳排放管理岗位相应人员在低碳发展战略、碳排放交易等方面的能力。因此水泥企业需要加快碳管理人才队伍的建设，一是对于管理层人员，需要对其提供低碳发展的宏观政策的培训，使管理层能够准确地理解国家和地方碳交易机制的政策安排、碳市场发展趋势，从而正确地为碳管理目标做出决策；二是对于直接负责具体工作的员工，需要对其进行碳排放统计核算、碳排放核查、碳配额交易操作、碳交易政策法规等实务工作的业务培训，以及充分学习和借鉴国外企业在碳资产管理方面的经验，提高碳管理员工的实操能力。

5.4 水泥企业碳排放管理体系的建设

5.4.1 制度建立

企业进入全国碳市场后将面临一系列管理方面的挑战，涉及碳排放数据监测、核算报告与核查、配额管理、履约管理、交易管理、财务管理、合同管理、减排项目管理等多个方面，相关工作专业性强、涉及部门多、协调难度大，因此，建立一套碳排放管理的体制机制，实现管理集中、权力分级、职责明晰，对于水泥企业，尤其是大型企业集团是一项基础性的工作。

做好组织机构建设、规章制度建设、工作机制建设等有着重要意义。组织机构建设，主要是要设置专门负责企业碳排放管理和碳排放权交易的主管部门，明确主管部门、其他参与部门、下属二级单位和三级单位等各参与方的具体职责；规章制度建设，主要是制定企业开展碳排放管理和交易活动的相关监测、核算、报告、资金等办法与制度，做到相关工作的规范化、程序化、标准化；工作机制建设，主要是建立各部门、二级单位、三级单位之间的沟通协调机制、监督落实机制和处罚激励机制，确保企业参与碳交易各项工作高效推进、落实到位。

5.4.2 数据管理

碳排放量的核算结果直接关系到参与企业在碳市场中的经济利益，因此，相关核算数据的准确性是企业在碳市场中占得先机的基础。根据全国碳市场 MRV 相关原则，在企业数据缺失、不完整或无法达到核算指南要求的情况下，将采用核算指南提供的缺省值来进行碳排放核定，而缺省值的设置遵循"确保企业配额不过量发放"和"企业排放量不被低估"的原则，也即采用缺省值核算的企业碳排放量将偏大。企业要避免这种情况的发生，一是要提升数据本身的质量，完善数据监测体系，按照指南要求增加数据监测频次，配备缺失数据的监测设备；二是要提升数据管理水平，配备专业的人员、团队，建立专门的数据管理制度，建设专业的碳排放数据管理平台，这些投入都将增加企业的数据管理投入。但从长远来看，在管理基础能力方面的投入对于降低企业未来可能面对的碳市场风险，并寻求在碳市场中获利是有意义和有必要的。

5.4.3 碳资产管理

随着碳排放权交易市场的不断成熟，碳排放权的金融属性会不断增强，企业要在市场中占得先机，必须充分利用手中的碳资产，充分挖掘碳资产潜力。根据目前试点地区的实践，企业可通过与碳排放权交易所、商业银行、碳资产管理公司合作，以质押或置换碳资产、碳债券、碳基金等方式参与碳交易。

全国碳排放权交易市场启动后，水泥企业参与碳排放权交易必须建立一套"碳账本"，建立碳会计的制度框架、会计规范与准则以及运行保障机制。

5.4.4 人员管理

企业应识别对碳交易管理工作有影响的岗位及人员，做好碳交易工作所需人力、知识、技能储备，确保满足碳交易工作要求。尤其对于基层专业人员，需要明确岗位职责，有效开展能力建设。基层专业人员包括碳交易工作运行监控人员，碳排放监测设备、信息设备操作及维护人员，碳排放数据信息记录、收集人员，碳排放核算与报告人员，财务管理人员，碳市场交易人员，碳资产管理人员。

5.4.5 资金管理

碳交易资金应纳入企业财务管理，根据生产经营计划以及配额盈缺测算，提前制订下一年度碳交易资金计划，明确资金到位时间。当政策或市场变化导致资金发生变化时，企业应及时调整碳交易资金计划。

企业需对碳交易资金计划进行确认和审批，及时调拨资金，满足交易需求。资金审批和调拨需符合企业资金和财务管理制度。

5.4.6 风险管理

建材企业开展碳交易相关工作应识别以下风险：

（1）政策风险。包括国家政策、配额分配方案和交易规则的改变等。

（2）技术风险。包括排放量和配额测算不准确、市场走势判断错误、CCER 项目开发失败等。

（3）交易风险。包括操作失误、越权操作、信息泄露、交易对手方的信用风险等。

（4）市场风险。包括市场异常波动、操纵市场、内幕交易等。

（5）资金风险。包括碳交易资金计划审批不及时、资金调拨不到位等。

企业宜采取以下风险防控措施，避免减少损失：

（1）政策研究。跟踪研究碳交易政策，提出应对措施。

（2）资格限制。交易员、账户管理员等需确保具备资格。

（3）交易授权。交易操作需经过授权，设立权限等级，规定持仓、交易限额并进行监控。

（4）尽职调查。对线下交易对手方进行尽职调查。

（5）信息隔离。按照需知原则管理敏感信息，敏感信息范围应限于存在合理业务需求或管理需要的工作人员。

（6）业务监督。安排专人对交易进行全程监督，检查交易是否符合交易方案、交易行为是否合规，监控和评价交易风险，报告风险及违规行为，对交易员进行定期评估。

（7）风险预警。设置资金量、盈亏预警线等风险指标，及时反映异常情况。

（8）风险管理制度。配套风险监督、风险防控等风险管理办法及制度。

（9）紧急预案。制订应急方案，应对突发事件。

6 思考与展望

6.1 "碳达峰、碳中和"背景下水泥行业的思考

1. 化解过剩产能是行业的首要任务

在碳达峰阶段,碳排放的总量直接与产能、产量挂钩,想实现压低达峰"峰值",水泥行业首要考虑的问题是通过产能宏观调控限制碳排放总量的进一步增加。目前,我国尚有12个省份的水泥行业碳排放处在快速增长阶段,主要集中在西部地区。如何有效协调这些省份的经济发展与产能限制将是对决策者的考验。中央环保督察第二轮第三批工作结果明确指出:辽宁、安徽、江西、云南等省份对"两高"项目监管不力,甚至违规推动"两高"项目建设现象普遍存在;河南、湖南、广西、山西则存在控制"两高"态度不坚决或上马"两高"项目冲动强烈的问题。由此可以看出,中西部地区在政策层面还需要有更坚定的态度贯彻碳达峰、碳中和要求。

2. 碳酸盐分解过程排放减排潜力有限

水泥行业的碳排放的最主要来源是碳酸盐分解的过程排放,约占到企业运营边界总排放量的60%。由原料带来的这部分排放是现行技术条件下的减排难点,即便在高能源替代情境假设下,最终水泥行业仍将有相当规模的过程排放量无法实现碳中和,需要依靠碳捕捉与封存等技术进行兜底。

3. 燃料替代等关键技术推广面临难题

水泥行业是煤炭消费的大户,煤炭消耗的降低将依赖于燃料替代技术的发展。现阶段国内水泥行业的燃料替代比例相比国外明显偏低,高热值垃圾协同处置面临较多政策障碍,如生活垃圾、工业固废资源的分配不均、跨区域协调难等。发改委在《"十四五"循环经济发展规划》中已经提出从政策层面鼓励生活垃圾等协同处置工作的发展,是水泥行业未来推进"零煤"工厂建设的重要动力。

4. 科学合理地运用碳交易等碳定价机制实现减排目标

目前全国范围内有171家水泥企业参与各试点碳市场的核查。分析数据显示,试点省份水泥行业的平均碳排放强度普遍低于非试点省份,碳交易是实现水泥行业碳减排的手段,在相同核算标准的前提下,考虑水泥行业工艺技术及装备水平的一致性,可以初步判断碳交易对于水泥行业的整体减排具有实际作用。不过我们也需要注意到在数据核查、排放因子选取、监测计划制订实施等环节可能存在的相应风险,确保数据的真实可靠。碳定价机制的目的是降低社会减排成本,科学合理地运用相关手段是实现既定目标的前提(图6-1)。

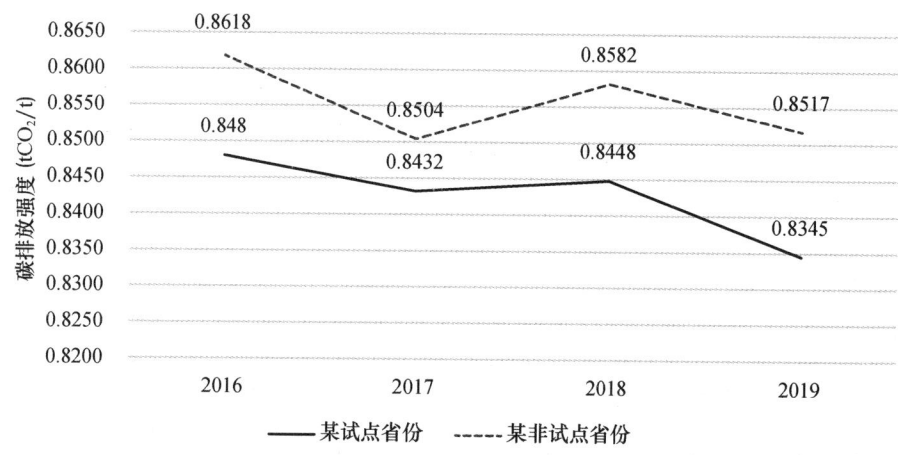

图 6-1 典型试点省份平均碳排放强度与非试点省份平均碳排放强度对比示意

6.2 碳减排技术路径展望

1. 政策约束体系逐步健全

党中央、国务院已经成立了碳达峰、碳中和工作领导小组,正在从顶层设计上制定碳达峰、碳中和时间表、路线图、1+N 政策体系。建材行业的行动方案研究与策划将及时指导本领域碳减排工作的开展。对于水泥行业来说,工信部修订了新的产能置换管理办法,进一步加严了产能置换比例。生态环境部也在《关于加强高耗能、高排放建设项目生态环境源头防控的指导意见》中就加强"两高"项目生态环境源头防控提出了要求,将碳排放影响评价纳入环境影响评价体系。随着政策约束体系的逐渐完善,预期碳排放信息披露以及政府绿色采购采信等机制也将逐步出台,从而鼓励企业主动完成碳减排目标。

2. 标准体系逐步完善

我国温室气体管理标准多集中在量化、报告和核查方面。目前在碳捕集与碳封存、投(融)资和气候变化规范、碳中和等方面的标准尚属空白,为了支持碳减排目标以及远期"碳中和"目标的实现,碳中和评估等标准将逐步出台,规范指导行业、企业碳减排活动的开展。此外,碳足迹核算与评估作为全生命周期碳排放量化核算的关键,其标准体系建设将迎来快速发展,各大科研院所、服务机构等对碳足迹数据库、软件平台的相关研究也将逐步整合、统一。

3. 实测法的成熟应用将为水泥企业碳排放的量化方法提供新的选项

范围一化石燃料燃烧排放及碳酸盐分解过程排放均来自水泥窑,作为水泥企业最主要的固定排放源,利用实测法进行碳排放浓度的监测相比利用核算方法更为直接、简便,且避免了人为干扰因素。碳排放的在线测量与目前 SO_2、NO_x 在线测量装置协同,技术可行,可以非常直观地支持企业验证各类低碳技术、低碳工艺及低碳产品实施成效。如使用替代燃料、改进了燃烧器、提升保温系统、采用了替代原料等,均可以直观

地在 CO_2 测量值上反映出来,指导企业实施深入减碳措施。未来,测量技术将使得 CO_2 与其他污染物一样成为企业的控制指标,测量结果的变动也将反映出 SO_2、NO_x 减污降碳的协同效果。

4. 先进低碳技术市场化程度不断提高将有效降低企业减排成本

能效提升技术的减排潜力适中,有利于降低企业成本,可实现碳减排、经济效益双赢,是近中期所有水泥企业的首要减排路径。随着深度减排要求的提出,新建产能的低碳技术门槛必将随之升高,从项目研究来看,国家推荐的先进低碳技术中很多技术推广率只有 5%~10%,企业需求将促使富氧燃烧、替代燃料等低碳技术得以加速推广,窑炉电气化技术、氢能应用于水泥工业技术等研究探索将为改变现有水泥工业发展路径提供机会。CCUS 等末端捕集技术也将迎来快速发展,进一步降低技术开发利用成本。

5. 产业链协同减排将成为企业减排路径中的重要手段

水泥是典型的过程产品,范围三包括水泥生产价值链的上游和下游,排放量仅占到水泥全生命周期碳排放的 10% 左右,但其涵盖了水泥产品的设计、原材料获取和使用等关键阶段,对生产过程碳排放的减排潜力有直接影响。目前,已有很多大型的企业集团开始建设建材产业园区,整合供应链,初步建立起水泥到建筑及其他水泥制品的全供应链协同减排机制。绿色建材产业园示意如图 6-2 所示。

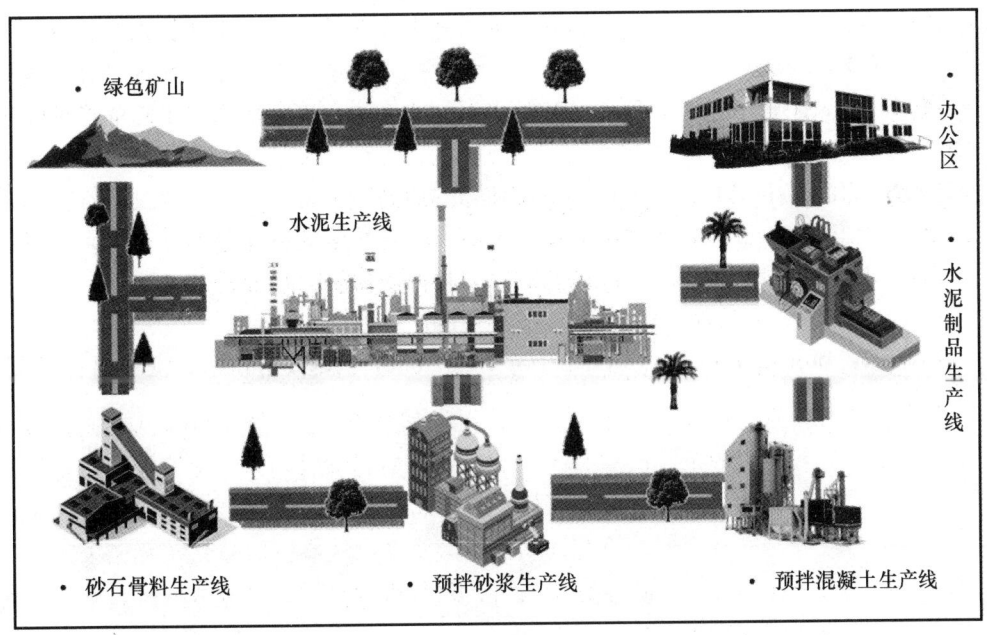

图 6-2 绿色建材产业园示意图

附录1 缩略语

BSI：英国标准协会

CCER：Chinese Certified Emission Reduction，国家核证自愿减排量

CCS：Carbon Capture and Storage，碳捕捉与封存

CCUS：Carbon Capture, Utilization and Storage，碳捕捉、利用与封存

CDP：Carbon Disclosure Project，碳信息披露项目

CEMS：Continuous Emission Monitoring System，连续排放监测系统

CFP：Carbon Footprint，碳足迹

CO_2：二氧化碳

CSI：Cement Sustainability Initiative，水泥可持续行动倡议

CSR：Corporate Social Responsibility，企业社会责任

ESG：Environmental, Social, Govemance，环境、社会和公司治理

GHG：Green House Gas，温室气体

IEA：国际能源署

IPCC：Intergovernmental Panel on Climate Change，政府间气候变化专门委员会

ISO：国际标准化组织

LCA：Life Cycle Assessment，生命周期分析

MRV：Monitoring, Reporting, Verification，监测、报告、核查

SBTi：Science Based Targets Initiative，科学碳目标倡议

WRI：World Resources Institute，世界资源研究所

WBCSD：World Business Council For Sustainable Development，世界可持续发展工商理事会

附录 2 主管部门近两年推荐的节能低碳技术

工业和信息化部、发展改革委、生态环境部等部门近几年陆续征集、发布了众多节能降碳技术，包括燃料替代、第四代篦冷机、立磨外循环等典型技术的推荐与应用，一定程度上加快了行业节能降碳的步伐。

附表 2-1 国家部委近年推荐的节能低碳技术汇总

来源	目录年份/批次	技术名称	技术介绍	节碳量（tce/a）
国家工业节能技术装备推荐目录	2019	水泥熟料节能降氮烧成技术	采用"鹅颈管"结构的分解炉系统，增加了分解炉的固气比，同时对分解炉下部进行结构改造，使锥体区域形成煤粉燃烧的还原区，利用"非金属材质拢焰罩"低氮燃烧器，实现"正常火焰"的低氮煅烧，提高了窑内的热交换效率和熟料质量	534.6
		集成模块化窑衬节能技术	将轻量化耐火制品、纳米微孔绝热材料分层组合在一起，巧妙地利用不同材料的导热系数，将各层材料固化在各自能够承受的温度范围内，保证了使用效果和安全稳定性，减少热量损失	453.6
		生活垃圾生态化前处理和水泥窑协同后处理技术	通过滚筒筛、重力分选机、圆盘筛、除铁器等一系列机械分选装置，分选出垃圾中的易燃、无机物等，并进一步破碎，制成水泥窑垃圾预处理可燃物（CMSW）、无机灰渣等原料，水泥窑垃圾预处理可燃物（CMSW）、无机灰渣等原料经过一系列输送、计量装置，喂入新型干法水泥窑分解炉，替代部分燃煤、原料	189
		高压力料床粉碎技术	采用成套稳定料床设备和装置（组合式分级机、"骑辊式"进料装置等）来解决入料中细粉含量较多时辊压机床的稳定性问题，以增加辊压机的工作压力，从而提高其粉磨效率；同时通过对设备和系统的在线监测以及智能化控制保障设备和系统按照既定方式运行，实现水泥粉磨的高效率、低能耗、高品质的智能化生产	108
		带分级燃烧的高效低阻预热器系统	通过预热器系统利用窑尾烟气对生料进行预热，在分解炉内对预热后的生料进行碳酸钙分解，减轻回转窑的负担，提高产量；通过集成创新，实现物料分散提高、气流速度降低、多级预热，达到系统的高效低阻，降低煤耗与电耗；通过分级燃烧技术降低窑尾烟气 NO_x 排放	75.6
		水泥外循环立磨技术	物料从立磨中心开始喂料、落入磨盘中央，磨盘转动将物料甩向周边，加压磨辊与磨盘之间进行物料研磨，研磨后的物料经过立磨刮料板刮出，从卸料口卸出，再经过斗提机喂入选粉系统与球磨机系统，可与球磨机配置成预粉磨或联合粉磨、半终粉磨，也可配置成终粉磨系统，能耗低、效率高	54
		流程型智能制造节能减排支撑平台技术	是一个 UNIX 版本的支撑实时仿真、控制、信息系统软件开发、调试和执行的软件工具，实现了生产工艺流程的全面在线监视、在线预警、在线诊断和优化，应用高精度、全物理过程的数学模型形成了系统节能减排的在线仿真试验床，支持设备系统在线特性研究、热效率优化和动静态配合等深层次优化控制问题的研究，研究保证产品质量和降低生产能耗的方法	59.4
		新型球磨机直驱永磁同步电动机系统	采用新型球磨机用永磁直驱同步电动机系统替代原有的减速机＋异步电动机组成的驱动系统，减少系统传动节点，缩短传动链，降低故障率，提高传动效率，保证系统安全可靠地运行	18.36

续表

来源	目录年份/批次	技术名称	技术介绍	节碳量 tce/a
国家工业节能技术装备推荐目录	2020年	带中段辊破的列进式冷却机	采用区域供风急冷技术并在冷却机中段设置了高温辊式破碎机，经过辊式破碎机，大块红料得到充分破碎，落入到第二段篦床的大部分熟料颗粒的尺寸已经基本控制在25mm以内，经过第二段篦床的再次冷却后，以较低的温度排出，热回收效率高，可降低烧成系统热耗，平均每吨熟料节约标煤2kg	273.7
		外循环生料立磨技术	采用外循环立磨系统工艺，将立磨的研磨和分选功能分开，物料在外循环立磨中经过研磨后全部排到磨机外，经过提升机使研磨后的物料进入组合式选粉机进行分选，分选后的成品进入旋风收尘器收集，粗颗粒物料回到立磨进行再次研磨，能源利用效率大幅提升，系统气体阻力降低5000Pa，降低了通风能耗和电耗	26.8
		新型水泥熟料冷却技术及装备	采用新型前吹高效篦板、高效急冷斜坡、高温区细分供风、新型高温耐磨材料、智能化"自动驾驶"、新型流量调节阀等技术，高温热熟料通过风冷可实现对热熟料的冷却并完成热量的交换和回收，中置辊式破碎机将熟料破碎至<25mm粒度，同时步进式结构的篦床将熟料输送至下一道工序，热回收效率高、输送运转率高、磨损低，可降低电耗	332.7
		低导热多层复合莫来石砖	采用多层复合技术，产品由工作层、保温层、隔热层复合而成。通过对各层的化学组分、结构和产品的制作工艺进行优化，使产品使用性能优于传统制品，导热系数明显降低；产品应用于大型水泥窑过渡带，不仅能够满足水泥窑的使用要求，而且保温隔热效果远优于硅莫砖、硅莫红砖以及镁铝尖晶石砖，筒体外表温度明显降低，节能效果显著	189.4
		利用高热值危险废弃物替代水泥窑燃料综合技术	针对形态不同的危险废弃物形成两种不同的处置方案：液态高热值危险废弃物通过调配、过滤等手段预处理，打入防静电、泄压储罐再次过滤后，喷入水泥窑内焚烧；固态高热值危险废弃物通过增设的回转式固废焚烧炉燃烧，产生的热气、残渣进入分解炉，热量100%用于熟料煅烧，残渣中的无机物作为熟料替代，重金属固化于熟料晶格，可实现废弃物替代部分燃料，替代率达23%～25%，节能效果好	41.6
国家先进污染防治技术目录	2020年	热盘炉水泥窑协同焚烧处置生活垃圾技术	生活垃圾经预处理后输送到热盘炉内可缓慢旋转的炉盘上进行焚烧，可通过调节炉盘转速调节生活垃圾焚烧停留时间。焚烧底渣进入水泥窑参与熟料反应生产水泥熟料，烟气经治理后达标排放	—

附录3 碳达峰、碳中和政策进展

1. 习近平主席的重大宣示

附表3-1 习近平主席关于碳达峰、碳中和方面的重大事件汇总

时间	事件	关键内容
2020/9/22	在第七十五届联合国大会一般性辩论上发表重要讲话	中国将提高国家自主贡献力度，采取更加有力的政策和措施，二氧化碳排放力争于2030年前达到峰值，努力争取2060年前实现碳中和
2020/9/30	在联合国生物多样性峰会上发表重要讲话	中国将秉持人类命运共同体理念，继续做出艰苦卓绝努力，提高国家自主贡献力度，采取更加有力的政策和措施，二氧化碳排放力争于2030年前达到峰值，努力争取2060年前实现碳中和
2020/11/12	在第三届巴黎和平论坛发表致辞	不久前，我提出中国将提高国家自主贡献力度，力争2030年前二氧化碳排放达到峰值，2060年前实现碳中和，中方将为此制定实施规划
2020/11/17	出席金砖国家领导人第十二次会晤并发表重要讲话	中国将提高国家自主贡献力度，已宣布采取更有力的政策和举措，二氧化碳排放力争于2030年前达到峰值，努力争取2060年前实现碳中和。我们将说到做到
2020/11/22	在二十国集团领导人利雅得峰会上发表致辞	中方宣布中国将提高国家自主贡献力度，力争二氧化碳排放2030年前达到峰值，2060年前实现碳中和。中国将坚定不移加以落实
2020/12/12	在气候雄心峰会上发表重要讲话	中国将提高国家自主贡献力度，采取更加有力的政策和措施：到2030年，中国单位国内生产总值二氧化碳排放将比2005年下降65%以上，非化石能源占一次能源消费比重将达到25%，森林蓄积量将比2005年增加60亿m^3，风电、太阳能发电总装机容量将达到12亿kW以上
2020/12/16	主持中央经济工作会议发表重要讲话	要抓紧制定2030年前碳排放达峰行动方案，支持有条件的地方率先达峰。要加快调整优化产业结构、能源结构，推动煤炭消费尽早达峰，大力发展新能源，加快建设全国用能权、碳排放权交易市场，完善能源消费双控制度。要继续打好污染防治攻坚战，实现减污降碳协同效应
2021/1/25	出席世界经济论坛"达沃斯议程"对话会并发表特别致辞	中国将加强生态文明建设，加快调整优化产业结构、能源结构，倡导绿色低碳的生产生活方式。我已经宣布，中国力争于2030年前二氧化碳排放达到峰值、2060年前实现碳中和。实现这个目标，中国需要付出极其艰巨的努力。我们认为，只要是对全人类有益的事情，中国就应该义不容辞地做，并且做好。中国正在制定行动方案并已开始采取具体措施，确保实现既定目标

续表

时间	事件	关键内容
2021/2/19	主持召开深改委第十八次会议发表重要讲话	统筹制定2030年前碳排放达峰行动方案，使发展建立在高效利用资源、严格保护生态环境、有效控制温室气体排放的基础上，推动我国绿色发展迈上新台阶
2021/3/15	主持召开中央财经委员会第九次会议	强调要把碳达峰、碳中和纳入生态文明建设整体布局，拿出抓铁有痕的劲头，如期实现2030年前碳达峰、2060年前碳中和的目标
2021/3/25	在福建考察时强调	要把碳达峰、碳中和纳入生态省建设布局，科学制定时间表、路线图，建设人与自然和谐共生的现代化
2021/4/16	同法德领导人视频峰会发表讲话	宣布中国将力争于2030年前实现二氧化碳排放达到峰值、2060年前实现碳中和，这意味着中国作为世界上最大的发展中国家，将完成全球最高碳排放强度降幅，用全球历史上最短的时间实现从碳达峰到碳中和。这无疑将是一场硬仗。中方言必信，行必果，我们将碳达峰、碳中和纳入生态文明建设整体布局，全面推行绿色低碳循环经济发展
2021/4/22	参加领导人气候峰会发表重要讲话	中国承诺实现从碳达峰到碳中和的时间，远远短于发达国家所用时间，需要中方付出艰苦努力。中国将碳达峰、碳中和纳入生态文明建设整体布局，正在制订碳达峰行动计划，广泛深入开展碳达峰行动，支持有条件的地方和重点行业、重点企业率先达峰。中国将严控煤电项目，"十四五"时期严控煤炭消费增长、"十五五"时期逐步减少。此外，中国已决定接受《〈蒙特利尔议定书〉基加利修正案》，加强非二氧化碳温室气体管控，还将启动全国碳市场上线交易
2021/4/25	在广西考察时强调	要继续打好污染防治攻坚战，把碳达峰、碳中和纳入经济社会发展和生态文明建设整体布局，建立健全绿色低碳循环发展的经济体系，推动经济社会发展全面绿色转型
2021/4/30	主持中央政治局第二十九次集体学习并讲话	实现碳达峰、碳中和是我国向世界做出的庄严承诺，也是一场广泛而深刻的经济社会变革，绝不是轻轻松松就能实现的。各级党委和政府要拿出抓铁有痕、踏石留印的劲头，明确时间表、路线图、施工图，推动经济社会发展建立在资源高效利用和绿色低碳发展的基础之上。不符合要求的高耗能、高排放项目要坚决拿下来
2021/7/16	出席亚太经合组织领导人非正式会议并发表讲话	中方高度重视应对气候变化，将力争2030年前实现碳达峰、2060年前实现碳中和
2021/7/30	主持召开中共中央政治局会议并发表重要讲话	要统筹有序地做好碳达峰、碳中和工作，尽快出台2030年前碳达峰行动方案，坚持全国一盘棋，纠正"运动式"减碳，先立后破，坚决遏制"两高"项目盲目发展
2021/8/30	主持召开中央全面深化改革委员会第21次会议并发表重要讲话	"十四五"时期，我国生态文明建设进入以降碳为重点战略方向、推动减污降碳协同增效、促进经济社会发展全面绿色转型、实现生态环境质量改善由量变到质变的关键时期，污染防治触及的矛盾问题层次更深、领域更广，要求也更高

续表

时间	事件	关键内容
2021/9/15	在陕西榆林考察提出要求	煤炭作为我国主体能源，要按照绿色低碳的发展方向，对标实现碳达峰、碳中和目标任务，立足国情、控制总量、兜住底线，有序减量替代，推进煤炭消费转型升级
2021/9/21	出席第七十六届联合国大会并发表重要讲话	中国将力争2030年前实现碳达峰、2060年前实现碳中和，这需要付出艰苦努力，但我们会全力以赴。中国将大力支持发展中国家能源绿色低碳发展，不再新建境外煤电项目
2021/10/12	在《生物多样性公约》第十五次缔约方大会领导人峰会上发表重要讲话	为推动实现碳达峰、碳中和目标，中国将陆续发布重点领域和行业碳达峰实施方案及一系列支撑保障措施，构建起碳达峰、碳中和"1+N"政策体系。中国将持续推进产业结构及能源结构调整，大力发展可再生能源，在沙漠、戈壁、荒漠地区加快规划建设大型风电光伏基地项目
2021/10/30	在二十国集团领导人第十六次峰会第一阶段会议上发表重要讲话	中国一直主动承担与国情相符的国际责任，积极推进经济绿色转型，不断自主提高应对气候变化行动力度。中国将力争2030年前实现碳达峰、2060年前实现碳中和。我们将践信守诺，携手各国走绿色、低碳、可持续发展之路
2021/11/22	出席并主持中国-东盟建立对话关系30周年纪念峰会，正式宣布建立中国东盟全面战略伙伴关系	习近平主席在北京以视频方式出席并主持中国-东盟建立对话关系30周年纪念峰会，在讲话中提出4点经验、4个坚定不移和5点共同建议。其中，在共同建议中提到：中方愿同东盟开展应对气候变化对话，加强政策沟通和经验分享，对接可持续发展规划。共同推动区域能源转型，探讨建立清洁能源合作中心，加强可再生能源技术分享。加强绿色金融和绿色投资合作，为地区低碳可持续发展提供支撑

2. 碳达峰、碳中和"1+N"政策体系

碳达峰、碳中和"1+N"政策体系，其中的"1"是指中共中央、国务院印发的《关于完整准确全面贯彻新发展理念做好碳达峰碳中和工作的意见》（以下简称《意见》），"N"则包括国务院印发的《2030年前碳达峰行动方案》（以下简称《方案》），以及其他重点领域和行业政策措施和行动。

《意见》明确了我国碳达峰、碳中和的目标与任务。提出了构建绿色低碳循环发展经济体系、提升能源利用效率、提高非化石能源消费比重、降低CO_2排放水平、提升生态系统碳汇能力五方面主要目标，确保如期实现碳达峰、碳中和。

附表3-2 《意见》提出的十项重点任务

一	推进经济社会发展全面绿色转型
二	深度调整产业结构
三	加快构建清洁低碳安全高效能源体系
四	加快推进低碳交通运输体系建设
五	提升城乡建设绿色低碳发展质量
六	加强绿色低碳重大科技攻关和推广应用
七	持续巩固提升碳汇能力

续表

八	提高对外开放绿色低碳发展水平
九	健全法律法规标准和统计监测体系
十	完善政策机制

《方案》按照《意见》所提出的工作要求,聚焦2030年前碳达峰目标,对推进碳达峰工作做出总体部署。提出了非化石能源消费比重、能源利用效率提升、二氧化碳排放强度降低等主要目标,具体部署了"碳达峰十大行动"。

附表3-3 《方案》提出的碳达峰十大行动

一	能源绿色低碳转型行动
二	节能降碳增效行动
三	工业领域碳达峰行动
四	城乡建设碳达峰行动
五	交通运输绿色低碳行动
六	循环经济助力降碳行动
七	绿色低碳科技创新行动
八	碳汇能力巩固提升行动
九	绿色低碳全民行动
十	各地区梯次有序碳达峰行动

3. 政策文件的出台

(1) 国家层面出台的主要文件

附表3-4 国家层面发布的重要文件

时间	事件	文件名称	主要内容
2020/10/26	十九届五中全会	《中共中央关于制定国民经济和社会发展第十四个五年规划和二〇三五年远景目标的建议》	"十四五"发展目标:能源资源配置更加合理、利用效率大幅提高。加快推动绿色低碳发展,降低碳排放强度,支持有条件的地方率先达到碳排放峰值,制定2030年前碳排放达峰行动方案。全面实行排污许可制,推进排污权、用能权、用水权、碳排放权市场化交易。2035年远景目标:广泛形成绿色生产生活方式,碳排放达峰后稳中有降
2021/2/22	国务院	印发《国务院关于加快建立健全绿色低碳循环发展经济体系的指导意见》	建立健全绿色低碳循环发展的经济体系,确保实现碳达峰、碳中和目标,推动我国绿色发展迈上新台阶
2021/3/5	第十三届全国人民代表大会第四次会议	《政府工作报告》	扎实做好碳达峰、碳中和各项工作。制定2030年前碳排放达峰行动方案。优化产业结构和能源结构

续表

时间	事件	文件名称	主要内容
2021/3/11	十三届全国人大四次会议	《中华人民共和国国民经济和社会发展第十四个五年规划和2035年远景目标纲要》	"十四五"发展目标：单位国内生产总值能源消耗和二氧化碳排放分别降低13.5%、18%。落实2030年应对气候变化国家自主贡献目标，制定2030年前碳排放达峰行动方案。完善能源消费总量和强度双控制度，重点控制化石能源消费。实施以碳强度控制为主、碳排放总量控制为辅的制度，支持有条件的地方和重点行业、重点企业率先达到碳排放峰值。推动能源清洁低碳安全高效利用，深入推进工业、建筑、交通等领域低碳转型。加大甲烷、氢氟碳化物、全氟化碳等其他温室气体控制力度。提升生态系统碳汇能力。锚定努力争取2060年前实现碳中和，采取更加有力的政策和措施。2035年远景目标：广泛形成绿色生产生活方式，碳排放达峰后稳中有降
2021/3/19	国务院	关于落实《政府工作报告》重点工作分工的意见	生态环境质量进一步改善，单位国内生产总值能耗降低3%左右，主要污染物排放量继续下降。要扎实做好碳达峰、碳中和各项工作。制定2030年前碳排放达峰行动方案。优化产业结构和能源结构。推动煤炭清洁高效利用，大力发展新能源。提升生态系统碳汇能力。以实际行动为全球应对气候变化做出应有贡献
2021/4/26	中共中央办公厅 国务院办公厅	印发《关于建立健全生态产品价值实现机制的意见》	健全碳排放权交易机制，探索碳汇权益交易试点
2021/9/12	中共中央办公厅 国务院办公厅	印发《关于深化生态保护补偿制度改革的意见》	加快建设全国用能权、碳排放权交易市场。健全以国家温室气体自愿减排交易机制为基础的碳排放权抵消机制，将具有生态、社会等多种效益的林业、可再生能源、甲烷利用等领域温室气体自愿减排项目纳入全国碳排放权交易市场
2021/10/10	中共中央 国务院	印发《国家标准化发展纲要》	建立健全碳达峰、碳中和标准。加快节能标准更新升级，抓紧修订一批能耗限额、产品设备能效强制性国家标准，提升重点产品能耗限额要求，扩大能耗限额标准覆盖范围，完善能源核算、检测认证、评估、审计等配套标准。加快完善地区、行业、企业、产品等碳排放核查核算标准。制定重点行业和产品温室气体排放标准，完善低碳产品标准标识制度。完善可再生能源标准，研究制定生态碳汇、碳捕集利用与封存标准。实施碳达峰、碳中和标准化提升工程
2021/10/21	中共中央办公厅 国务院办公厅	印发《关于推动城乡建设绿色发展的意见》	坚持生态优先、节约优先、保护优先，坚持系统观念，统筹发展和安全，同步推进物质文明建设与生态文明建设，落实碳达峰、碳中和目标任务，推进城市更新行动、乡村建设行动，加快转变城乡建设方式，促进经济社会发展全面绿色转型，为全面建设社会主义现代化国家奠定坚实基础
2021/10/27	国新办	发布《中国应对气候变化的政策与行动》白皮书	作为世界上最大的发展中国家，中国克服自身经济、社会等方面困难，实施一系列应对气候变化战略、措施和行动，参与全球气候治理，应对气候变化取得了积极成效

续表

时间	事件	文件名称	主要内容
2021/11/6	国务院	发布《关于深入打好污染防治攻坚战的意见》	深入推进碳达峰行动。处理好减污降碳与能源安全、产业链供应链安全、粮食安全、群众正常生活的关系，落实2030年应对气候变化国家自主贡献目标，以能源、工业、城乡建设、交通运输等领域和钢铁、有色金属、建材、石化化工等行业为重点，深入开展碳达峰行动。在国家统一规划的前提下，支持有条件的地方和重点行业、重点企业率先达峰。统筹建立二氧化碳排放总量控制制度。建设完善全国碳排放权交易市场，有序扩大覆盖范围，丰富交易品种和交易方式，并纳入全国统一公共资源交易平台。加强甲烷等非二氧化碳温室气体排放管控。制定国家适应气候变化战略2035。大力推进低碳和适应气候变化试点工作。健全排放源统计调查、核算核查、监管制度，将温室气体管控纳入环评管理
2021/11/10	中美两国	发布《中美关于在21世纪20年代强化气候行动的格拉斯哥联合宣言》	双方赞赏迄今为止开展的工作，承诺继续共同努力，并与各方一道，加强《巴黎协定》的实施。在共同但有区别的责任和各自能力原则、考虑各国国情的基础上，采取强化的气候行动，有效应对气候危机。双方同意建立"21世纪20年代强化气候行动工作组"，推动两国气候变化合作和多边进程
2021/11/10	国务院办公厅	《关于鼓励和支持社会资本参与生态保护修复的意见》	鼓励和支持社会资本参与生态保护修复项目投资、设计、修复、管护等全过程，围绕生态保护修复开展生态产品开发、产业发展、科技创新、技术服务等活动，对区域生态保护修复进行全生命周期运营管护。重点鼓励和支持社会资本参与以政府支出责任为主（包括责任人灭失、自然灾害造成等）的生态保护修复。对有明确责任人的生态保护修复，由其依法履行义务，承担修复或赔偿责任

（2）部委层面出台的部分主要文件

附表3-5 国家发展改革委发布的部分重要文件汇总

时间	事件	文件名称	主要内容
2021/7/1	国家发展改革委	印发《"十四五"循环经济发展规划》	推进循环经济发展，构建绿色低碳循环的经济体系，助力实现碳达峰、碳中和目标
2021/7/15	国家发展改革委	印发《国家发展改革委国家能源局关于加快推动新型储能发展的指导意见》	以实现碳达峰、碳中和为目标，推动新型储能快速发展
2021/9/11	国家发展改革委	印发《完善能源消费强度和总量双控制度方案》	完善能源消费强度和总量双控制度，助力实现碳达峰、碳中和目标
2021/10/21	国家发展改革委等部门	发布《关于严格能效约束推动重点领域节能降碳的若干意见》	到2025年，通过实施节能降碳行动，钢铁、电解铝、水泥、平板玻璃、炼油、乙烯、合成氨、电石等重点行业和数据中心达到标杆水平的产能比例超过30%，行业整体能效水平明显提升，碳排放强度明显下降，绿色低碳发展能力显著增强。到2030年，重点行业能效基准水平和标杆水平进一步提高，达到标杆水平企业比例大幅提升，行业整体能效水平和碳排放强度达到国际先进水平，为如期实现碳达峰目标提供有力支撑

续表

时间	事件	文件名称	主要内容
2021/11/9	国家发展改革委	发布《"十四五"全国清洁生产推行方案》	推行清洁生产是贯彻落实节约资源和保护环境基本国策的重要举措，是实现减污降碳协同增效的重要手段，是加快形成绿色生产方式、促进经济社会发展全面绿色转型的有效途径
2021/11/15	国家发展改革委	《高耗能行业重点领域能效标杆水平和基准水平（2021年版）》	加快重点领域节能降碳步伐，带动全行业绿色低碳转型，确保如期实现碳达峰目标。目标到2025年，钢铁、电解铝、水泥、平板玻璃、电石等重点行业和数据中心达到标杆水平的产能比例超过30%

附表3-6 生态环境部发布的部分重要文件汇总

时间	事件	文件名称
2020/12/29	生态环境部	印发《2019—2020年全国碳排放权交易配额总量设定与分配实施方案（发电行业）》《纳入2019—2020年全国碳排放权配额管理的重点排放单位名单》
2020/12/31	生态环境部	发布《碳排放权交易管理办法（试行）》
2021/1/11	生态环境部	印发《关于统筹和加强应对气候变化与生态环境保护相关工作的指导意见》
2021/3/26	生态环境部	印发《企业温室气体排放报告核查指南（试行）》
2021/5/17	生态环境部	发布《碳排放权登记管理规则（试行）》《碳排放权交易管理规则（试行）》和《碳排放权结算管理规则（试行）》
2021/5/30	生态环境部	发布《关于加强高耗能、高排放建设项目生态环境源头防控的指导意见》
2021/7/27	生态环境部	发布《关于开展重点行业建设项目碳排放环境影响评价试点的通知》
2021/10/9	生态环境部	发布关于征求《"十四五"环境影响评价与排污许可改革实施方案（征求意见稿）》意见的函
2021/10/26	生态环境部	发布《关于做好全国碳排放权交易市场数据质量监督管理相关工作的通知》
2021/10/26	生态环境部办公厅	发布《关于做好全国碳排放权交易市场第一个履约周期碳排放配额清缴工作的通知》
2021/10/28	生态环境部	发布《"三线一单"减污降碳协同管控试点工作方案》
2021/10/28	生态环境部	发布《关于在产业园区规划环评中开展碳排放评价试点的通知》
2021/11/17	生态环境部	印发《关于深化生态环境领域依法行政持续强化依法治污的指导意见》

参考文献

[1] 欧盟环境署欧盟城市适应气候变化的机遇和挑战
[2] https://www.bundesregierung.de/breg-en/issues/climate-action
[3] Fact Sheet: President Biden's Leaders Summit on Climate, 2021, 4
[4] 日本经济产业省 2050 年碳中和绿色增长战略, 2020.12
[5] 数据来源：美国地质调查局
[6] 数据来源：水泥大数据（https://data.ccement.com/）
[7] 《国资报告》2021 年第 6 期
[8] IEA《Technology Roadmap Low-Carbon Transition in the Cement Industry》2018
[9] CEMBUREAU:《Cementing the European Green Deal》
[10] https://gccassociation.org/climate-ambition/
[11] Verein DeutscherZementwerke, Decarbonising Cement and Concrete: A CO_2 Roadmap for the German cement industry
[12] 《Roadmap to Carbon Neutrality-A more sustainable world is Shaped by Concrete》
[13] 《Hoja de ruta de la industriacementeraespa? ola para alcanzar la neutralidadclimáticaen 2050》
[14] MPA-UK Concrete, UK Concrete and Cement Industry Roadmap to Beyond Net Zero
[15] 数据来源：中国水泥协会、水泥网
[16] 数据来源：中国水泥协会
[17] 《建材重点产品碳排放限值》
[18] 《水泥玻璃行业产能置换实施办法》
[19] 《企业碳中和路径图》，联合国全球契约组织，2021
[20] 《温室气体核算体系：企业核算与报告标准》（The Greenhouse Gas Protocol: A Corporate Accounting and Report Standard）
[21] ISO 14064-1 2018《Greenhouse gases-Part 1: Specification with guidance at the organization level for quantification and reporting of greenhouse gas emissions and removals》
[22] 付立娟. 新型低碳水泥 LC^3 的应用前景［J］. 中国水泥，2020（9）：5.
[23] "公转铁"的北京实践，北京日报，2021，8
[24] 从"心中愿景"到"眼中风景"上海南方实现华丽"蝶变"，中国建材报，2020，6
[25] 我国首个全流程智能水泥工厂实现长周期稳定运行，工业和信息化部国家重大技术装备办公室，重大技术装备简报，2019，23.
[26] 蔡博峰，李琦，张贤等. 中国二氧化碳捕集利用与封存（CCUS）年度报告（2021）——中国 CCUS 路径研究，生态环境部环境规划院，中国科学院武汉岩土力学研究所，中国 21 世纪议程管理中心. 2021.
[27] 张杰，郭伟，张博，等. 空气中直接捕集 CO_2 技术研究进展［J］. 洁净煤技术，2021，27（2）：57-68.
[28] 金峰，夏雁飞. 水泥窑烟气碳捕集纯化关键技术的研发与工程化应用//［C］第六届国内外水泥行业安全生产技术交流会论文集，2019，8.

[29]　IEA, Net Zero by 2050-A Roadmap for the Global Energy Sector, 2021, 5
[30]　https：//www.carboncure.com/concrete-producers/
[31]　世界首条用 CO_2 制备混凝土砖生产线在华新水泥成功运行, http：//ce.hnu.edu.cn/info/1146/9063.htm
[32]　联合国全球契约组织,《企业碳中和路径图：落实巴黎协定和联合国可持续发展目标之路》
[33]　科学碳目标设定手册（第4.0版）
[34]　https：//www.holcim.com/lafargeholcim-net-zero-pledge-science-based-targets
[35]　TPI, Methodology and indicators report（Version 3.0）
[36]　HeidelbergCement, Leading the way to carbon neutrality
[37]　https：//www.cemex.com/sustainability/climate-action/our-performance-and-targets
[38]　https：//www.crh.com/sustainability/2030-ambitions-targets
[39]　《国家电网"碳达峰、碳中和"行动方案》, 2021, 3
[40]　数据来源：国家统计局、国家能源局
[41]　朱法华, 王玉山, 徐振, 等. 中国电力行业碳达峰、碳中和的发展路径研究［J］. 电力科技与环保, 2021, 37（3）：9-16.
[42]　中国水泥协会, 2020年中国水泥经济运行及2021年展望
[43]　李明煜, 张诗卉, 王灿, 等. 重点工业行业碳排放现状与减排定位分析［J］. 中国环境管理, 2021, 13（3）：12.
[44]　数据来源：中国人口与发展研究中心
[45]　IEA：Energy Technology Perspectives 2020 Special Report on Carbon Capture Utilisation and Storage
[46]　《应对环境信息披露趋势加速企业低碳转型：CDP2020年中国上市企业报告》
[47]　陈宁, 孙飞. 国内外ESG体系发展比较和我国构建ESG体系的建议［J］. 发展研究, 2019（3）：6.